Filipe Casanova

Mehrdimensionaler Fußball

D1665818

Imprint

Any brand names and product names mentioned in this book are subject to trademark, brand or patent protection and are trademarks or registered trademarks of their respective holders. The use of brand names, product names, common names, trade names, product descriptions etc. even without a particular marking in this work is in no way to be construed to mean that such names may be regarded as unrestricted in respect of trademark and brand protection legislation and could thus be used by anyone.

Cover image: www.ingimage.com

This book is a translation from the original published under ISBN 978-620-3-46990-5.

Publisher:
Sciencia Scripts
is a trademark of
Dodo Books Indian Ocean Ltd., member of the OmniScriptum S.R.L Publishing group
str. A.Russo 15, of. 61, Chisinau-2068, Republic of Moldova Europe
Printed at: see last page
ISBN: 978-620-4-04798-0

Filipe Casanova

Mehrdimensionaler Fußball

Sportliche und wissenschaftliche Kompilationen

ScienciaScripts

Professor Filipe Casanova

Über die Bedeutung der Entscheidungskompetenz von Fußballspielern

Der Fußball weist hohe Werte bei der direkten Beteiligung auf, die in den 265 Millionen aktiven Spielern zum Ausdruck kommen, und bei der indirekten Beteiligung, die in den 3,2 Milliarden Zuschauern zum Ausdruck kommt, die die Weltmeisterschaft in Südafrika verfolgt haben (FIFA, 2010). Der hohe gesellschaftliche, kulturelle, sportliche und wirtschaftliche Stellenwert des Fußballs spiegelt sich auch im Interesse der Forscher wider, die mit ihrer Arbeit zur Entwicklung wissenschaftlicher Erkenntnisse nicht nur im Bereich der Sportwissenschaft, sondern auch in den Sozial- und Medizinwissenschaften beitragen.

Ein großer Teil der wissenschaftlichen Arbeit im Fußball, nämlich die Untersuchung der Eigenschaften der

von Fußballspielern hat eine quantitative und qualitative Entwicklung dieses Sports und seiner Ausübenden ermöglicht und dazu beigetragen, ihn auf ein - sportliches Spitzenniveau zu bringen. Es scheint jedoch Konsens zu sein, dass das Fußballspiel einen überwiegend strategischen und taktischen Charakter aufweist, was sich in der Komplexität und Variabilität des Verhaltens der Spieler niederschlägt. So werden von den Fußballspielern Fähigkeiten verlangt, um mit Geschick Aktionen zu beurteilen, zu antizipieren und zu entscheiden, die den sportlichen Erfolg herbeiführen. In diesem Sinne ist es erforderlich, dass sie in der Lage sind, die verschiedenen Signale und Reize der Umwelt auszuwählen und richtig zu interpretieren (perzeptive Komponente), die geeignetste Reaktion auszuwählen und schnell zu entscheiden (Entscheidungskomponente) und die motorische Handlung effektiv und effizient auszuführen (motorische Komponente).

Da die so genannte "Spielintelligenz" des Fußballspielers in hohem Maße von seinen wahrnehmungskognitiven Fähigkeiten in Bezug auf die Beteiligung beeinflusst wird, ist es nicht sinnvoll, sie ausschließlich anhand der quantitativen Ausprägung der vom Spieler gezeigten Verhaltensweisen zu analysieren und zu bewerten.

Von Fußballspielern wird verlangt, dass sie schnelle und effektive Entscheidungen auf der Grundlage mehrerer Informationen treffen und dabei widrigen Bedingungen ausgesetzt sind, die ihre Leistung einschränken. In Anbetracht der informatorischen Bezüge und der Zwänge, die der motorischen Leistung im Spiel innewohnen, zeichnen sich Spitzenfußballer jedoch dadurch aus, dass sie über eine hohe Fähigkeit verfügen, die Beteiligungssignale wahrzunehmen, sie zu interpretieren und das "Was" mit dem "Wann" und "Wie" zu verbinden. Es geht also darum, die Prozesse kompatibel zu machen und zu optimieren, die es dem Spieler ermöglichen, nicht nur zu wissen, wie man etwas tut, sondern auch zu wissen, wie man sieht und wie man entscheidet.

Figura1- Relação entre habilidades percetivo-cognitivas, constrangimentos da tarefa, contexto e jogador aquando da realização de um comportamento antecipatório (adaptado de Williams e Ward, 2007).

Das Erkennungsmuster ermöglicht es dem Fußballspieler, sequenzielle Spielmuster in strukturellen Beziehungen (z. B. Positionierung und Bewegung von Mitspielern und Gegnern) und in der Reihenfolge ihrer Bedeutung (z. B. die Bedeutung, die den Positionen und Bewegungen der Spieler zugewiesen wird) zu erkennen, was es ihm ermöglicht, die Aktion des Gegners zu antizipieren und seine eigene Aktion rechtzeitig zu planen. Anhand von spezifischen Körper- und/oder Haltungsmerkmalen kann der Fußballspieler die Aktion des Gegners mit hoher Genauigkeit vorhersagen (z. B. bei einer technischen Aktion, bei der er den Ball annimmt, richtet der hervorragende Spieler seinen Körper so aus, dass er die geeignetste Technik anwendet und dem Wurf an die Stelle folgt, die er für vorteilhafter hält).

Der Prozess der Interpretation situativer, probabilistischer Ereignisse des Kontexts, in den der Fußballspieler eingebettet ist, ermöglicht es ihm, besser angepasste Erwartungen an das Verhalten des Gegners in einer noch laufenden Aktion zu formulieren (eine der defensiven Eigenschaften eines exzellenten Fußballspielers besteht beispielsweise darin, im Voraus zu erkennen, welche Gegner sich in einer vorteilhafteren Position befinden, um den Ball zu erhalten und somit ein offensives Ungleichgewicht zu verursachen, das das individuelle oder kollektive Defensivziel gefährden könnte). Das strategische und selektive Verhalten bei der Suche nach relevanten visuellen Indikatoren in Bezug auf den Kontext, in dem sich der Fußballspieler befindet, ermöglicht es ihm, sein motorisches Verhalten sicherer, effektiver und effizienter zu gestalten (z. B. variiert der Fußballspieler in einer defensiven Position je nach Ballnähe die Erfassung von Indikatoren, die er als relevant und wichtig erachtet, mit seinem zentralen oder peripheren Blick).

Daher erscheint es relevant, dass der Fußballtrainer als Planer und Lenker des sportlichen Vorbereitungsprozesses Trainingsformen einsetzt, die kognitiv-perzeptive Fähigkeiten erfordern, um einen hohen Transfer des Trainings auf das

Spiel zu erreichen und die Leistung der Spieler und der Mannschaft zu verbessern. Auf diese Weise sollten die verschiedenen Merkmale der verwendeten Übungen berücksichtigt werden, insbesondere hinsichtlich der Dauer, der Intensität, der Anzahl der Spieler und des genutzten Raums, da u. a. diese Einschränkungen die Entscheidungsfähigkeit des Fußballers positiv oder negativ beeinflussen können.

Meister Nuno Macedo
Prof. Filipe Casanova

Beobachtung und Analyse von offensiven und defensiven Stop-Ball-
Aktionen
in der zweiten portugiesischen Profiliga

EINFÜHRUNG

Im Zusammenhang mit Höchstleistungen steht der Erfolg von Mannschaften in engem Zusammenhang mit den errungenen Siegen oder zugelassenen Niederlagen, die zu Punktgewinnen oder -verlusten führen und die Mannschaft oft zu sportlichen Höchstleistungen führen, die normalerweise im Gewinn von Titeln, im Erreichen von Zielen, im Brechen von Rekorden sowie in der kollektiven und individuellen Aufwertung gipfeln.

Der gesamte Prozess der Wettkampfvorbereitung wird immer komplexer und erfordert eine ständige Suche nach Erkenntnissen über die Organisation und Durchführung von Wettkämpfen in einem Kontext, in dem wir ständig mit verschiedenen Besonderheiten und konditionierenden Faktoren konfrontiert sind, die einen entscheidenden Einfluss auf den Erfolg der Spieler, der Mannschaft, des Trainers und des Vereins selbst haben. Daher ist es von grundlegender Bedeutung, alle Variablen des Spiels sorgfältig vorzubereiten, denn darin liegt das Geheimnis des Erfolgs der Mannschaft.

Die Analyse, die Überlegung und die Vorbereitung von Spielzügen, sowohl in der Offensive als auch in der Defensive, stellen die Konfrontation mit einer unvorhersehbaren Unbekannten dar, einem der zahlreichen Faktoren, die in das Spiel eingreifen und die in ihrem Wesen bekannt, vorhersehbar und, wenn möglich, kontrollierbar sein sollten.

Da sie immer entscheidender werden, da sie ein wesentlicher Faktor für das Erreichen des Ziels - des Ziels des Spiels - sind, wird es entscheidend sein, sie zu vertiefen, sich wohler zu fühlen und besser vorbereitet zu sein, wenn man mit ihnen konfrontiert wird.

MATERIAL UND METHODEN

In dieser Studie wurden die 42 offiziellen Spiele eines Profivereins der portugiesischen zweiten Liga, der nationalen Meisterschaft 2013/2014, beobachtet und analysiert.

Die Beobachtung wurde auf zwei Arten durchgeführt, nämlich durch direkte Beobachtung (17 Spiele) und indirekte Beobachtung (36 durch Video und 12 Spiele durch Fernsehübertragungen).

Zur quantitativen Analyse der beobachteten Daten wurden deskriptive statistische Verfahren verwendet - Häufigkeit des Auftretens, Mittelwert, Standardabweichung und Prozentsatz.

Um die Art des erzielten Tores (ABP) zu kontextualisieren, wurde es als ein direkt aus der Spielhandlung erzieltes Tor betrachtet, wenn das Tor unmittelbar und eindeutig durch die Ausführung der jeweiligen Handlung beeinflusst wurde. In diesen Fällen werden nicht nur die durch einen direkten Torschuss erzielten Tore berücksichtigt, sondern auch alle Tore, die aus einer Kombination von Aktionen resultieren, die eindeutig aus dem Spielgeschehen resultieren.

Als indirektes Tor aus einem Spielzug wurden alle Tore gewertet, die aus Kombinationen nach der Ausführung einer Aktion in der Defensive oder Offensive entstanden.

Die übrigen erzielten und kassierten Tore wurden als nicht aus Spielzügen resultierend betrachtet (Non ABP).

ERGEBNISSE

Insgesamt wurden 4588 Spielaktionen analysiert, 2379 defensive und 2209 offensive, was einem Durchschnitt von 109 analysierten Aktionen pro Spiel entspricht.

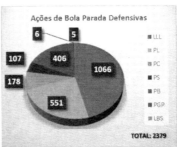

Aus den gewonnenen Daten ergibt sich eine klare Überlegenheit der Seitenauswürfe (LLL), sowohl defensiv als auch offensiv, die 44,1 % aller analysierten Spielzüge ausmachten, gefolgt von Freistößen (PL) mit 23,7 %, Torschüssen (PB) mit 15,2 % und Eckstößen (CP) mit 9,1 %.

Freistöße (PS), Strafstöße (PGP) und Einwürfe (LBS) waren die am wenigsten beobachteten Aktionen während der analysierten offiziellen Wettbewerbstage.

In Bezug auf die Effektivität von Spielzügen wurde festgestellt, dass von den insgesamt 90 Toren, die die Mannschaft während des Wettbewerbs erzielt und kassiert hat, 58 Tore auf folgende Ursachen zurückzuführen sind

Spielzüge, was einem Anteil von 64,4 % an der Gesamtzahl der Spielzüge entspricht.

Ziele.

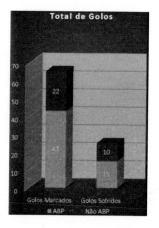

Bei einer genaueren Betrachtung und Analyse der 65 von der Mannschaft erzielten Tore wurde festgestellt, dass 43 Tore aus Standardsituationen resultierten, was einem Anteil von 66 % an der Gesamtzahl der von der Mannschaft erzielten Tore entspricht.

Eine Analyse dieser 43 Tore ergab, dass 25 direkt (58,1 %) und 18 indirekt (41,9 %) erzielt wurden.

Von den direkt aus dem Spiel heraus erzielten Toren stammen 9 aus Freistößen (36 %), 8 aus Eckbällen (32 %), 7 aus Elfmetern (28 %) und 1 aus einem Einwurf (4 %).

Von den indirekt erzielten Toren waren 5 das Ergebnis einer offensiven Kombination nach einem offensiven Einwurf von der Seitenlinie (27,8 %), 3 das Ergebnis einer offensiven Kombination nach offensiven Freistößen (16,7 %) und 2 das Ergebnis einer offensiven Kombination nach einem offensiven Abstoß (11,1 %). Außerdem wurde festgestellt, dass 3 Tore aus der Verwertung von Eckstößen aus der Abwehr (16,7 %), 2 aus der Verwertung von Freistößen aus der Abwehr (11,1 %), 2 aus der Verwertung eines Torschusses aus der Abwehr (11,1 %) und 1 aus der Verwertung eines Einwurfs aus der Abwehr (5,6 %) resultierten.

Stehende Kugel Aktion	Direktes	Indirekte	GESAMT
Freistöße	9	5	14
Singende Tritte	8	3	11
Strafstöße	7	-	7
Starten an der	1	6	7
Torschuss	-	4	4
GESAMT	25	18	43

Die vorgenannte Analyse hat auch gezeigt, dass von den 25 Gegentoren 15 aus Standardsituationen resultierten, was 60 % der gesamten Gegentore entspricht.

Von diesen fünfzehn Gegentoren fielen 9 direkt (60 %) und 6 indirekt (40 %).

Von den 9 direkt erzielten Toren wurden 3 durch Eckbälle und 3 durch Elfmeter erzielt, was 66,7 % aller Gegentore ausmacht. Hinzu kommen 2 Tore durch Freistöße und 1 Tor durch Einwürfe.

Von den sechs indirekten Gegentoren resultierten 2 aus einer offensiven Kombination nach einem defensiven Freistoß (33,3 %), 2 aus einer offensiven Kombination nach einem defensiven Freistoß (33,3 %) sowie 1 Tor aus einem Ballverlust nach einem offensiven Freistoß (16,7 %) und 1 Tor aus einem Ballverlust nach einem offensiven Freistoß (16,7 %).

Stehende Kugel	Direktes	Indirekte	GESAMT
Freistöße	2	3	5
Eckstöße	3	-	3
Strafstöße	3	-	3
Starten an der	1	3	4
GESAMT	9	6	15

In 32 der 42 offiziellen Spiele, in denen 84 Tore erzielt wurden, wovon 57 aus Standardsituationen resultierten, was 67,9 % aller Tore in diesen 32 Spielen ausmachte, war der Anstoß die wichtigste Voraussetzung für den Gewinn oder Verlust von Punkten durch die Mannschaft.

So wurde festgestellt, dass von den insgesamt 79 Punkten, die die Mannschaft in dem Wettbewerb gewonnen hat, 54 Punkte auf den direkten Einfluss von Spielaktionen zurückzuführen sind, was 68,4 % der insgesamt gewonnenen Punkte entspricht, und dass von den 47 verlorenen Punkten 22 Punkte durch den Einfluss von Spielaktionen verloren wurden, was 46,8 % der insgesamt verlorenen Punkte entspricht.

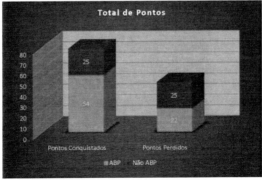

7

SCHLUSSBEMERKUNGEN

Nach der Analyse der erzielten Ergebnisse kann man zu dem Schluss kommen, dass Spielsteine einen grundlegenden Aspekt für das Erreichen des Spielziels - des Tores - darstellen, und die Bedeutung wird noch größer, wenn man bedenkt, dass sie auch ein entscheidendes Merkmal bei der Verteilung der Punkte in jedem Spiel darstellen, da sie ebenso entscheidend für den Sieg sind.

Sowohl aus offensiver als auch aus defensiver Sicht waren Seitenauswürfe mit 44,1 % aller analysierten Spielzüge die am häufigsten registrierten Aktionen während der analysierten Spiele.

Die effektivsten Offensivaktionen waren Freistöße, bei denen insgesamt 9 Tore erzielt wurden, 4 durch direkte Schüsse auf das Tor und 5 durch Abschlüsse nach Pässen oder Flanken. Im Gegenteil, Eckstöße und Elfmeter waren die Aktionen, die zu einer höheren Anzahl von direkten Gegentoren führten, insgesamt 3.

Bei den indirekten Toren, die durch Spielzüge erzielt wurden, waren Freistöße und Freistöße von der Seitenlinie mit insgesamt 6 Toren die häufigsten Aktionen, und aus defensiver Sicht waren Freistöße und Freistöße von der Seitenlinie mit jeweils 3 Toren die Aktionen, aus denen die indirekten Gegentore resultierten.

Was die Elfmeter betrifft, so führten von den 10 Elfmetern, die zu Gunsten des Teams geschossen wurden, 7 zu einem Tor, während von den 6 Elfmetern, die zu Ungunsten des Teams geschossen wurden, nur 3 zu einem Tor führten.

Daher sind wir der Meinung, dass die Vorbereitung dieser Aktionen sorgfältig und rigoros sein sollte, ebenso wie ihre Beobachtung und Analyse Teil des Vorbereitungsprozesses für den Wettbewerb und des Trainings selbst sein sollte und nicht vernachlässigt werden kann und darf, da die Spielzüge in der Tat kritische und absolut entscheidende Momente für den Erfolg oder Misserfolg der Mannschaft darstellen.

Meister João Regado
Professor Rui Garganta
Professor Filipe
Casanova

Funktionelles Training im Fußballkontext

1. Einführung

Unter **funktionellem Training** verstehen wir eine Reihe von körperlichen Übungen, die die körperliche Kondition fördern oder aufrechterhalten und die als "funktionelle Unterstützung" für die Ausführung einer breiten Palette von Aufgaben dienen, die von denen des täglichen Lebens bis hin zu Sporttechniken reichen (Garganta und Santos, 2015).

Funktionelles Training ist eine uralte Realität, wobei QiGong (7000 Jahre v. Chr.) einer der Vorläufer ist (Chek, 2015). Heutzutage bietet es neue Konturen und unendliche Erweiterungsmöglichkeiten und kann in praktisch allen Kontexten der körperlichen Ertüchtigung eingesetzt werden, d. h. in der Schule, im Verein und im Fitnessstudio (Garganta und Santos, 2015).

Funktionelles Training ist eine Methode, die darauf abzielt, dem menschlichen Körper eine Reihe von effizienten und gesunden Bewegungen zu ermöglichen. Es handelt sich um eine Trainingsform, die die globale Motorik anspricht (z. B. Gehen, Laufen, Schieben, Ziehen, Hocken, Springen, Werfen) und bei der abwechslungsreiche und mehrfach verwendbare Trainingsmaterialien eingesetzt werden können (Throat, 2014). Es handelt sich um eine einfache Trainingsmethode, bei der die Sportler lernen, mit ihrem eigenen Körpergewicht umzugehen (Boyle, 2004), denn das Gehirn erkennt keine einzelnen Muskeln, sondern Bewegungsmuster, die aus Muskeln bestehen, die in Harmonie zusammenarbeiten, um eine Bewegung zu erzeugen (Gambetta, 2007).

Gambetta und Gray (2002) stellen fest, dass einseitige Übungen, die auf die Beanspruchung eines einzelnen Muskels abzielen, für die meisten Sportarten keine ausreichende Funktionalität bieten. Dieselben Autoren argumentieren, dass zur Verbesserung der Leistung von Sportlern multigelenkige (eher funktionelle) Übungen eingesetzt werden sollten.

Diese Art des Trainings erfreut sich zunehmender Beliebtheit und ist in Fitnessstudios und neuerdings auch in Fußballvereinen der großen europäischen Ligen wie Juventus (Italien), Valencia und Atlético de Madrid (Spanien), Chelsea (England), Paris Saint Germain (Frankreich) und anderen zu finden.

Nach D'Elia und D'Elia (2005) sind die wichtigsten Merkmale und Vorteile des funktionellen Trainings folgende: (i) Trainingstransfer (Verwendung von Bewegungen, die den Alltag repräsentieren); (ii) Verwendung von

Primärbewegungen, die zu den Bewegungsmustern und -säulen gehören (Verschiebung/Lokomotion, Ebenenwechsel, Ziehen/Schieben und Rotation); (iii) Bewegungen, die in einer kinetischen Kette ausgeführt werden, d. h. der Körper bewegt sich nie in einer einzigen Ebene, sondern immer unter Verwendung einer Reihe von Gelenken, die sich synergetisch und multiplanar bewegen; (iv) die Verwendung eines Maßes an Instabilität, das es dem Probanden ermöglicht, zu lernen, zu reagieren und die Stabilität wiederzuerlangen, und (v) die Entwicklung eines Körper- und Haltungsbewusstseins zu ermöglichen, das als entscheidender Faktor für die Qualität der Bewegung angesehen wird.

Der große Vorteil des funktionellen Trainings gegenüber dem traditionellen Training besteht darin, dass es globale Bewegungen integriert, d. h. Bewegungen, die die konditionellen und koordinativen Fähigkeiten gleichzeitig fordern (Gambetta, 2007).

Garganta und Santos (2015) weisen darauf hin, dass sich konditionelle und koordinative Fähigkeiten nicht getrennt voneinander manifestieren, da Kraft und Koordination unverzichtbar sind (für eine Bewegung ist eine Muskelkontraktion erforderlich, und für eine freiwillige, zielgerichtete Bewegung ist die Koordination unerlässlich).

Da wir die meiste Zeit des Tages sitzend oder liegend verbringen, sollte der ST die zweibeinige Position bevorzugen. Boyle (2004) vertritt die Auffassung, dass die meisten Übungen im Stehen durchgeführt werden sollten und dass sie mehrdimensionale Bewegungen erfordern. Gleichzeitig sollte die Aufmerksamkeit auf die Muskelgruppen gelenkt werden, die für die Stabilisierung des Körpers verantwortlich sind, wobei es drei wesentliche Gruppen gibt: die inneren Bauchmuskeln (transversaler Bauchmuskel und interner Schrägstrich), die Hüftabduktoren und -rotatoren und die Skapulierstabilisatoren.

Nach Boyle (2004) sollten bei der Erstellung eines funktionellen Trainingsprogramms drei wesentliche Grundsätze beachtet werden:

• Lernen Sie zuerst die Grundübungen: Der Sportler sollte Übungen durchführen, die ihn dazu bringen, die Grundbewegungen zu verstehen, und erst dann beginnen, Fortschritte zu machen. Deshalb sollten sie Übungen wie Kniebeugen oder Liegestütze lernen, bevor sie mit dem Training beginnen;

• Beginnen Sie mit Übungen mit dem eigenen Körpergewicht: Oft ist die Verwendung einer zusätzlichen Last nicht unbedingt das Beste für den Sportler, insbesondere wenn er die Technik des Trainings mit dem eigenen Körpergewicht noch nicht beherrscht. Verfügt der Sportler nicht über diese Fähigkeit, können in der ersten Phase auch elastische Bänder oder Maschinen verwendet werden;

• Vom Einfachen zum Komplexen: Die Übungen sollten einer funktionellen und angemessenen Progression folgen, wie z. B. einfache Kniebeugen, bevor man zu Übungen wie der einseitigen Kniebeuge übergeht.

Obwohl beim funktionellen Training das Körpergewicht das Hauptwerkzeug ist, kommt es häufig vor, dass Athleten andere Hilfsmittel verwenden, die es ihnen ermöglichen, ihr Körpergewicht mit einer gewissen Instabilität zu kontrollieren, und die nur dann eingesetzt werden sollten, wenn der Athlet die Grundbewegungen bereits beherrscht, so dass ein Übergang zu Übungen mit bestimmten Hilfsmitteln möglich ist.

Es gibt viele Hilfsmittel, die von Athleten in den fortgeschrittenen Stadien verwendet werden, von elastischen Bändern bis hin zu aufwendigen Instabilitätsplattformen.
Drei der von Boyle (2004) vorgeschlagenen Instrumente sind:
- Fit bali: Dieses Gerät eignet sich hervorragend, um die Instabilität des Rumpfes oder Übungen für die oberen Gliedmaßen wie Liegestütze zu verbessern. Es kann auch für verschiedene Gesäß- und Oberschenkelmuskelübungen verwendet werden;

Abbildung 1- Fit bali.

- Reebok Core Board: eine von Reebok entwickelte Instabilitätsplattform, die sich dadurch auszeichnet, dass sie ein dreidimensionales Instabilitätsbrett ist, das dynamisch auf die Bewegungen der Sportler reagiert;

Abbildung 2: Reebok Core Board.

- Beweglichkeitsleiter: Mit diesem Gerät kann der Sportler an seiner Koordination, Stabilität oder exzentrischen Kraft arbeiten.

1

Abbildung 3:

Im Laufe der Zeit sind zahlreiche Artikel erschienen, die belegen, wie effektiv funktionelles Training sein kann.

Whitehurst und Kollegen (2005) untersuchten den Nutzen von funktionellem Training bei 119 älteren Personen mit einem Durchschnittsalter von 74 Jahren. Die Probanden nahmen an einem Übungsprogramm teil, das darin bestand, 12 Wochen lang an drei Tagen pro Woche einen Zirkel mit funktionellen Übungen durchzuführen. Der Parcours bestand aus Instabilitätsübungen, Richtungswechseln und Gewichtsverlagerung. Die Forscher berichteten über signifikante Verbesserungen der Beweglichkeit, Stabilität und Flexibilität nach Abschluss des Trainingsprogramms. Die älteren Menschen berichteten auch, dass sie sich körperlich besser fühlten und weniger zum Arzt gingen.

Peate und Kollegen (2007) untersuchten die Auswirkungen von funktionellem Training auf die Verletzungsrate und verletzungsbedingte Ausfallzeiten bei 433 Feuerwehrleuten (Männer mit einem Durchschnittsalter von 42 Jahren und Frauen mit einem Durchschnittsalter von 37 Jahren). Es wurde ein Programm eingeführt, das Anweisungen zur Körpermechanik, Übungen zur Verbesserung der Rumpfmuskulatur und funktionelle Übungen umfasste, die die Aufgaben von Feuerwehrleuten nachahmten. In den 12 Monaten nach dem Schulungsprogramm ging die Zahl der Verletzungen um 42 % und die verletzungsbedingten Arbeitsausfälle um 62 % zurück.

Auch Shaikh und Mondai (2012) führten eine Studie mit einer Gruppe von 19 männlichen Probanden im Alter zwischen 19 und 25 Jahren durch, um zu beweisen, dass funktionelles Training die Geschwindigkeit, Ausdauer, Muskelausdauer, Explosivkraft, Flexibilität und Beweglichkeit verbessert, und die Probanden wurden vor und nach der Anwendung des Trainingsprogramms bewertet. Die Teilnehmer nahmen 8 Wochen lang an einem Trainingsprogramm von 3 Tagen pro Woche teil. Die Übungen wurden für alle Muskelgruppen mit Hilfe von Geräten wie Körpergewicht, Fit Bali und Medizinbällen (2 kg, 3 kg und 4 kg) durchgeführt. Die abschließende Auswertung ergab eine sehr deutliche Verbesserung von Schnelligkeit, Ausdauer, muskulärer Ausdauer, Explosivkraft, Flexibilität und Beweglichkeit.

Unter Ausnutzung aller Vorteile, die das funktionelle Training mit sich bringt, kann es auch im Fußball angewandt werden, um an der körperlichen Verfassung der Athleten zu arbeiten und das muskuläre Gleichgewicht zu verbessern.

Da die Bauchmuskeln und die Muskeln der unteren Gliedmaßen zu den wichtigsten Muskeln der Fußballer gehören, ist es wichtig, sie zu stärken. Zu diesem Zweck kann man ein funktionelles Training durchführen, das auf die Verbesserung der sportlichen Leistung abzielt und nicht auf den Aufbau von mehr Muskelkraft (Boyle, 2004).

Core-Training ist ideal, um die Bauchmuskeln zu trainieren. Diese sind für die Stabilisierung des Körpers beim Aufstehen, beim seitlichen Wurf oder beim Kugelstoßen zuständig. Sie sind die Muskeln, die die Körperstruktur bei Übungen wie Laufen, Springen oder Heben von Gewichten über den Kopf aufrechterhalten. Ein starker und stabiler Kern ermöglicht die dynamische Entfaltung der funktionellen Kraft und verbessert die neuromuskuläre Effizienz (Gambetta, 2007).

Gambetta (2007) vertritt die Auffassung, dass es zwei Grundsätze für die korrekte Durchführung eines funktionellen Kerntrainings gibt:

• Trainieren Sie die Körpermitte vor einem extremen Krafttraining: Es ist verlockend, ein umfangreiches Arm- und Beintraining zu absolvieren, aber ohne eine starke Körpermitte, die für Halt und Stabilität sorgt, ist alles umsonst;

• Jedes Training ist ein Kerntraining: Denn der Kern spielt bei allen Bewegungen eine wichtige Rolle.

Das Training des Rumpfes sollte auch Übungen umfassen, die alle Bewegungen (Beugung und Streckung des Rumpfes, seitliche Beugung, Drehung des Rumpfes, Bewegungskombinationen und Übungen, die das Werfen und Aufnehmen von Lasten beinhalten) einschließen, für die er verantwortlich ist.

Fußball ist eine typische intermittierende Sportart, die verschiedene ballistische, explosive Bewegungen wie Laufen, Springen, Schießen, Beschleunigen, Abbremsen, Tackling, Richtungswechsel oder Geschwindigkeitswechsel beinhaltet. Diese Aktionen erfordern eine schnelle Kraftentwicklung. Nach Riley und Mitarbeitern (2000) können diese Aktionen, obwohl sie im Laufe des Spiels nur wenig Zeit in Anspruch nehmen, zu einer guten Leistung führen.

Dabei handelt es sich um funktionelles Training, eine Trainingsmethodik, die darin besteht, Übungen auszuführen, die die globale Motorik ansprechen (z. B. Gehen, Laufen, Schieben, Ziehen, Hocken, Springen, Werfen), und bei der diversifiziertes und mehrfach verwendbares Trainingsmaterial eingesetzt werden

3

kann (Garganta, 2014). Es ist eine einfache Trainingsmethode, bei der die Sportler lernen, ihr eigenes Körpergewicht zu kontrollieren (Boyle, 2004).

In dieser Saison wurde über einen Zeitraum von fünf Monaten zweimal wöchentlich ein auf funktionellen Übungen basierendes Trainingsprogramm durchgeführt, dessen Hauptziel die Verbesserung der körperlichen Verfassung der Sportler war. Während dieses Zeitraums nahmen die Sportler zweimal wöchentlich an einem 6-Stationen-Zirkel teil. Nach Garganta und Santos (2015) sollte die Vorbereitung einer Schaltung 6 Grundregeln folgen:

• Beginnen Sie mit Übungen, die die Gelenkbeweglichkeit der wichtigsten Gelenke fördern;

• Wechseln Sie zwischen den kinetischen Ketten (obere Gliedmaßen, untere Gliedmaßen, Rumpf) ab und verteilen Sie die Anzahl der Übungen auf die einzelnen Ketten;

• Korrigieren Sie die Ausführungstechnik (insbesondere bei den komplexeren Übungen);

• Wechselnde Intensitäten;

• Halten Sie die Anzahl der Übungen, die Zug- und Druckbewegungen erfordern, im Gleichgewicht;

• Durchführung der Übungen in verschiedenen Positionen (im Liegen, auf dem Rücken, auf den Knien und im Stehen).

Es wurde ein Intervalltraining mit den folgenden Merkmalen vorgeschlagen:

1. 6-Stationen-Schaltungen;
2. Trainingszeit pro Station 30";
3. Ruhezeit zwischen den Stationen 15";
4. Ruhezeit zwischen den Runden 60".

Die vorliegende Studie hatte folgendes Ziel: "Überprüfung der Wirkung eines CP-Zirkels bei Sportlern der Altersgruppe unter 13 Jahren, die Fußball spielen". Dabei ist zu beachten, dass es sich um Sportler handelte, die diesen Sport seit 6 bis 8 Jahren ausübten.

2. Material und Methoden

2.1 Muster

Die Stichprobe dieser Studie bestand aus 22 Probanden (21 Athleten wurden 2002 und einer 2003 geboren) mit einem Durchschnittsgewicht von 45 kg (± 7,18 kg) und einer Durchschnittsgröße von 1,53 m (± 0,08), die einer U-13-Fußballmannschaft angehörten. Die Athleten wurden einer Reihe von Tests unterzogen (siehe 2.3), um ihren "athletischen Zustand" zu bewerten.

2.2 Materielle Ressourcen

In dieser Studie wurden verschiedene materielle Ressourcen verwendet. Wir haben also 8 Kegel mit Löchern für die Stangen (6 Stangen), 3 elastische Widerstandsbänder, 3 Fußbälle der Größe 4, 17 Fackeln, 2 TRX, 2 Kettlebells von je 6 kg und 2 Slam Balis von je 4 kg verwendet.

2.3 Verfahren der Datenerhebung

Da diese Studie die Verbesserung der sportlichen Kondition durch funktionelles Training aufzeigen soll, wurde eine Testbatterie mit vier funktionellen und fußballspezifischen Übungen erstellt.

Die Athleten wurden zu zwei verschiedenen Zeitpunkten bewertet, der erste Zeitpunkt war der 2. Dezember 2014, der zweite der 5. Mai 2015.

Alle Übungen, die für die Testbatterie entwickelt wurden, dienten dazu, die Anstrengung der Athleten während eines Wettkampfs genauer zu bewerten. Ihre Dauer betrug 45 Sekunden, gefolgt von einer Pause von ebenfalls 45 Sekunden zur Erholung und zum Wechsel der Übung.

Die verwendeten Übungen waren:

Übung 1

Ziel: Bewertung der Geschwindigkeit des ballführenden und des nicht ballführenden Sportlers.

Test: Ausweichen von Fackeln mit und ohne Ball

• Der Spieler startet von Kegel 1 und schlägt den Ball in den Mittelkreis, wo er den Ball liegen lassen muss;

• Dann umrundet der Spieler die Kegel 2 und 3 mit hoher Geschwindigkeit, bis er zum Mittelkreis zurückkehrt und den Ball wieder aufnimmt;

• Nachdem Sie den Mittelkreis erreicht haben, sollten Sie den Ball weiter um Kegel 4 herum spielen und den Kurs beenden, wenn Sie Kegel 1 erreichen;

- Das Bewertungskriterium ist die Anzahl der Bewegungen des Athleten in den Mittelkreis.

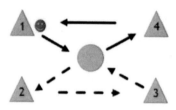

Abbildung 5- Übung 9I

Übung 2

Ziel: Bewertung der Ballhandhabung und des Ballhandlings des Sportlers

Test: Den Ball in den Kreis schlagen

• Der Spieler hat 3 Bälle zur Verfügung, die er in den jeweiligen Kreisen platzieren (erste Phase der Übung) und entfernen (zweite Phase) muss;

• Die Übung beginnt also damit, dass man den Ball zum ersten Kreis trägt, wo man den ersten Ball liegen lässt, dann zum Ausgangspunkt zurückkehrt, den nächsten Ball aufnimmt und ihn zum zweiten Kreis trägt und so weiter;

• Nachdem die 3 Kugeln platziert wurden, muss der Spieler die gleiche Strecke zurücklegen, wobei er diesmal die Kugeln aus den Kreisen entfernt und sie wieder am Ausgangspunkt platziert;

- Das Bewertungskriterium ist die Anzahl der Fahrten des Athleten zum Startort.

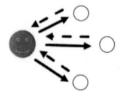

Abbildung 6 - Übung 92

Übung 3

Ziel: Bewertung der Startfähigkeit des Athleten

6

Test: Start und Durchgang mit Widerstand des Gummibandes
· Der Spieler bekommt ein Gummiband umgehängt (das die Bewegung widerstandsfähig macht) und muss dann um den Kegel herumgehen und einen Pass machen;
· Das Bewertungskriterium ist die Anzahl der Pässe, die der Spieler spielt.

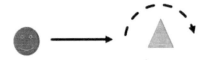

Abbildung 7 - Übung 93

Übung 4
Zielsetzung: Bewertung der Widerstandsfähigkeit des Athleten in Bezug auf den Antrieb
Test: Barrierespringen und Kursbestimmung
· Es gibt 3 Sätze von Barrieren, jede mit einer Stufe (niedrig, mittel und hoch), die der Höhe der Stange entspricht. Jeder Satz besteht aus zwei Barrieren;
· Nach dem Überspringen der Hindernisse muss der Spieler einen Kopfball zum Trainer machen;
· Das Bewertungskriterium ist die Anzahl der Hürden, die der Spieler springt.

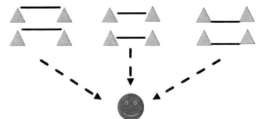

Abbildung 8 - Übung 94

2.4 Statistisches Verfahren
Der Mittelwert und die Standardabweichung (deskriptive Statistik) der Werte der Anfangs- und Endbewertung wurden berechnet. Der t-Test mit wiederholten Messungen wurde verwendet, um zu überprüfen, ob es Unterschiede zwischen den beiden Zeitpunkten gibt.
Das verwendete Signifikanzniveau betrug 0,05. Die statistischen Analysen wurden mit der Software SPSS Version 21 durchgeführt.
3. Präsentation und Diskussion der Ergebnisse
Wie bereits erwähnt, bestand das Hauptziel dieser Studie darin, zu beweisen,

dass es möglich ist, die konditionellen Fähigkeiten der Sportler durch funktionelles Training zu verbessern.

Die Ergebnisse der Studie werden im Folgenden vorgestellt.

3.1 Analyse der Übung n01

Die Werte für die Geschwindigkeitsübung in den beiden Bewertungszeitpunkten sind in Tabelle 1 beschrieben.

Tabelle 1- Statistische Analyse der Geschwindigkeitsübung.

	Moment	M + D. p	Df M	t	P
Geschwindigkeit	1°	8±1	0.4	-2.001	0.05
	2°	8± 1			-

Wie in Tabelle 1 zu sehen ist, gab es in Bezug auf die Geschwindigkeit keine Verbesserung (p=0,059) zwischen den beiden Zeitpunkten. Trotz mehrerer Studien, die belegen, dass Krafttraining zur Verbesserung der Schnelligkeitsleistung bei Sportlern beiträgt (Cronin & Hansen, 2005; McBride et al., 2002; Barr et al., 2014). Die erzielten Ergebnisse veranschaulichen einen anderen Wert. Dieses Ergebnis ist auf die Tatsache zurückzuführen, dass die Athleten einen Sprint in Kombination mit einer Ballführung durchführen müssen, während in der Literatur davon ausgegangen wird, dass es einen Transfer von Kraft zu Geschwindigkeit gibt.

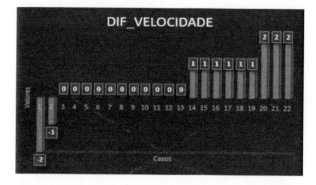

Abbildung 9 - Differenz der Werte der Übung nQ 1

8

Die obige Abbildung zeigt, warum der Unterschied zwischen den beiden Zeitpunkten nicht signifikant war. In den ersten beiden Fällen haben die Athleten einen Leistungsabfall erlebt, der darauf zurückzuführen ist, dass der Athlet im ersten Fall verletzt war und sich erst kurz vor der abschließenden Bewertung wieder erholt hat, und im zweiten Fall hat der Athlet nicht regelmäßig am Training teilgenommen. Bei den übrigen Athleten können wir feststellen, dass sich 9 Athleten verbessert haben, während 11 Athleten ihre Leistung beibehalten haben. Es sollte auch beachtet werden, dass dies die letzte Übung der Testbatterie war, die durchgeführt wurde, und in Anbetracht der kumulierten Ermüdung kann dies auch einer der entscheidenden Faktoren für die geringe Verbesserung sein.

3.2 Analyse der Übung n02

Die Werte für die Kugelleitungsübung in beiden Bewertungszeitpunkten sind in Tabelle 2 beschrieben.

	Moment	M ± D. p	Df M	t	P
Driving Ball	1°	10± 1			
			1.09	- 3.322	0003
	2o	11 ± 1			

Tabelle 2- Statistische Analyse der Ballleitungsübung.

Wie in Tabelle 2 dargestellt, wurde eine signifikante Verbesserung (p=0,003) bei der Ballbehandlung festgestellt. Obwohl der p-Wert statistisch signifikant ist, spiegelt er in der Praxis keine relevante Verbesserung wider, wenn man die bewertete Fähigkeit und die Verbesserung selbst berücksichtigt (im Durchschnitt 1 Wiederholung)

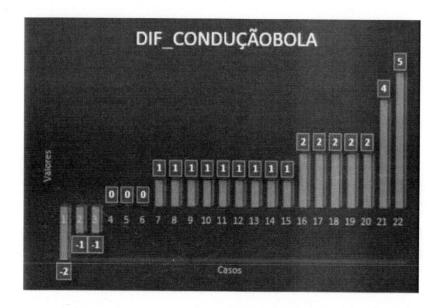

Abbildung 10- Differenz der Werte der Übung n92

Bei der Ballleitungsübung ist bereits eine kleine Verbesserung der Leistung der Sportler zu beobachten. Der erste Fall, bei dem keine Besserung eintrat, betraf einen Athleten, der (nach einer Verletzung) kurz vor dem Zeitpunkt der Bewertung wieder ins Training einstieg. Die beiden folgenden Athleten, bei denen die Leistung abnahm, und die drei Athleten, die ihre Leistung beibehielten, waren auf technische Probleme zurückzuführen. Die übrigen Athleten zeigten minimale Verbesserungen, mit Ausnahme der letzten beiden Fälle, die bereits eine relative Verbesserung aufweisen, was die gute körperliche Verfassung und technische Qualität der Athleten beweist.

3.3 Analyse der Übung 3

Die Werte für die Zugübung mit einem elastischen Band zu den beiden Bewertungszeitpunkten sind in Tabelle 3 beschrieben.

Tabelle 3- Statistische Analyse der Zugübungen mit dem Gummiband.

	Moment	M ± D. p	Df	t	P
	1o	14 ±2			
Elastisch			5.36	-14.51	0.000
	2°	19 + 2			

0

Wie in Tabelle 3 zu sehen ist, gab es eine signifikante Verbesserung (p=0,000) bei der Gummibandübung, mit einer Steigerung von 5 Wiederholungen.

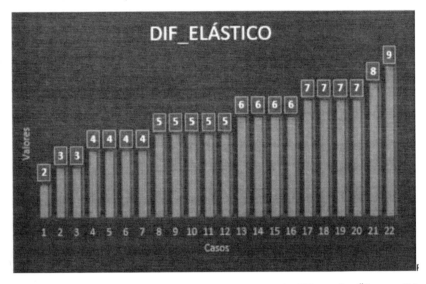

Abbildung 11- Differenz der Werte der Übung nQ3

Die obige Abbildung zeigt, dass bei allen Athleten des Teams eine Verbesserung bei der Zugkraftübung eingetreten ist. Die dargestellte Verbesserung lässt vermuten, dass sich die Widerstandskraft der Muskeln der unteren Gliedmaßen verbessert hat, was es dem Sportler ermöglicht, mehr Wiederholungen zu absolvieren. Diese Fähigkeit ist für einen Fußballspieler äußerst wichtig, da die meisten seiner Aktionen während des Spiels von den unteren Gliedmaßen ausgeführt werden. Diese Verbesserung führt auch zu der Annahme, dass die Hauptmuskeln des Beins (Quadrizeps und Hamstrings) gestärkt werden, was wichtig ist, um Muskelverletzungen vorzubeugen (Ardern et al., 2015).

3.4 Analyse der Übung n04

Was die Ausübung der Schranken in den beiden Bewertungszeitpunkten betrifft, so sind die Werte in Tabelle 4 beschrieben.

Tabelle 4- Statistische Analyse der Barriereübung.

	Moment Durchschnitt + D. P		Df	t	P
	1o25	±2			
Hemmnisse			2 5-4	957	0 000
	2°	28±3			

Wie in Tabelle 4 zu sehen ist, wurde eine signifikante Verbesserung (p=0,000) mit einer Steigerung von 3 Wiederholungen beobachtet.

Abbildung 12- Differenz der Werte der Übung nQ4

Bei der Barriereübung schließlich verbesserten sich die meisten Athleten, mit Ausnahme von zwei, die sich verschlechterten (einer, weil er von einer Verletzung zurückkehrte, und ein anderer, weil er nicht regelmäßig zum Training kam), und zwei Athleten, die ihre Leistung beibehielten. Diese Ergebnisse stehen im Einklang mit den Resultaten, die Michailidis und Mitarbeiter (2013) in einer Studie erzielt haben, die den Nutzen des pliometrischen Trainings für vorpubertäre Sportler belegt. Die gezeigte Verbesserung führt zu einer besseren Leistung der Athleten bei Aktionen wie Springen, Sprinten, Richtungswechsel und Schusskraft (Zisis 2013; Villarreal et al., 2015).

4. Schlussfolgerungen

Zusammenfassend und wie in Tabelle 5 zu sehen ist, beweist die Summe der beiden Bewertungsmomente, dass es eine signifikante Verbesserung der körperlichen Verfassung der jungen Fußballspieler gab (sub 13; p=0,000), wodurch Hypothese 1 abgelehnt und Hypothese 2 angenommen wird.

2

Summe	Moment	Mittelwert ± D P	Df	t	P
	1o	57 ±4	9	-12.456	0.000
	2°	66 ±4			

Tabelle 5- Statistische Analyse der Gesamtsumme

Die gezeigte Verbesserung steht im Einklang mit einigen Studien (vgl. Thompson et al., 2007; Vreede et al., 2005), die eine Verbesserung der körperlichen Fitness bei Sportlern wie Golfspielern oder älteren Menschen nachweisen. Nach der Anwendung dieser Studie können wir Folgendes vorschlagen:

· Funktionelles Training ist eine Trainingsmethodik, die in jedem Verein, unabhängig von seinem Kontext, angewendet werden kann;

· Es ist eine andere Art, die körperliche Verfassung der Sportler zu verbessern, und daher für die Sportler attraktiver;

· Nach der 5-monatigen Studie wurde nachgewiesen, dass mit dieser Methode Verbesserungen erzielt werden können.

5. Literaturverzeichnis

Abreu, D. P. (2014). Vergleich der Belastungsintensität bei drei Arten von hochintensivem Intervalltraining: Treino Funcional, Musculação und IndoorCycle. Porto: Fakultät für Sport der Universität Porto.

Ardern, C., Pizzari, T., Wollin, M., & Webster, K. (2015). Ungleichgewicht der Hamstrings-Kraft bei professionellen Fußballspielern in Australien. Journal of Strength and Conditioning Research, 997 - 1002.

Barr, M., Sheppard, J., Agar-Newman, D., & Newton, R. (2014). Transferwirkung von Kraft- und Leistungstraining auf die Sprintkinematik internationaler Rugbyspieler. Journal of Strength and Conditioning Research, 2585 - 2596.

Beckham, S., & Harper, M. (2010). Funktionelles Training: Modeerscheinung oder bleibende Erscheinung? ACSM's Health and Fitness Journal Vol. 14, 24 - 30.

Bonnette, R., Spaniol, F., Melrose, D., Ocker, L., & Dyer, R. (2011). Die Wirkung von Beweglichkeits-, Plyometrie- und Sprinttraining auf die Schnelligkeit, Ausdauer und Kraft von Fußballspielern der Oberstufe. Journal ofStrength & Conditioning Research.

Boyle, M. (2004). Funktionelles Training für den Sport. EUA: Human Kinetics.

Chek, P. (11. September 2015). PPS-Erfolg. Abrufbar unter

http://www.ppssuccess.com/FoodforThought/ArticlesbyPaul/ArticlesbyPaulChek DetailPage/tabid/ 496/smid/2144/ArticleID/42/reftab/104/Default.aspx
Cronin, J. B., & Hansen, K. T. (2005). Kraft und Leistung als Prädiktoren für die sportliche Geschwindigkeit. Journal of Strength and Conditioning Research , 349 - 357.
D'Elia, R., & D'Elia, L. (2005). Treinamento Funcional: 6o Treinamento de professores e instrutores. São Paulo:

SESC - Sozialer Dienst des Handels. Handout.
Ferrete, C., Requena, B., Suarez- Arrones, L., & de Villareal, E. (2014). Wirkung von Kraft- und Hochintensitätstraining auf die Sprung-, Sprint- und intermittierende Ausdauerleistung bei vorpubertären Fußballspielern. Journal ofStrength & Conditioning Research.
Gambetta, V. (2007). Athletische Entwicklung: die Kunst und Wissenschaft der funktionellen Sportkonditionierung. USA: Human Kinectics.
Gambetta, V., & Gray, G. (2002). Dem funktionalen Pfad folgen. MomentumMedia.
Throat, R. (2014). Manuskript.
Garganta, R., & Santos, C. (2015). Vorschlag für ein System zur Förderung der sportlichen Betätigung/des Sporttreibens auf der Grundlage "neuer" Perspektiven für den funktionellen Treino. In R. Rolim, P. Batista, & P. Queirós, Desafios Renovados para a aprendizagem em Educação Física (pp. 125 - 158). Porto: Editora FADEUP.
Loturco, I., Nakamura, F. Y., Kobal, R., Gil, S., Cal Abad, C., Cuniyochi, R., . . . Roschel, H. (2015). Training für Kraft und Schnelligkeit: Auswirkungen einer Erhöhung oder Verringerung der Sprung- und Kniebeugegeschwindigkeit bei jungen Elite-Fußballspielern. Zeitschrift für Kraft- und Konditionierungsforschung.
Makhlouf, I., Castagna, C., Manzi, V., Laurencelle, L., Behm, D., & Chaouachi, A.

(2015). Die Auswirkung der Abfolge von Kraft- und Ausdauertraining bei männlichen Jugendfußballspielern. Journal ofStrength & Conditioning Research.
McBride, J., Triplett-McBride, T., Davie, A., & Newton, R. (2002). Die Auswirkung von schweren vs. leichten Kniebeugen auf die Entwicklung von Kraft, Leistung und Schnelligkeit. Journal of Strength and Conditioning Research, 75 - 82.
Mel, S. (2002). Functional Training Revisited. National Strength & Conditioning Association Band 24, Nummer 5, 42-46.
Michailidis, Y., Fatouros, I. G., Primpa, E., Michailidis, C., Avloniti, A., Chatzinikolaou, A., Kambas, A. (2013). Trainierbarkeit von Plyometrics bei vorpubertären Fußballspielern. Zeitschrift für Kraft- und Konditionsforschung.
Peate, W., Bates, G., Luanda, K., Francis, S., & Bellamy, K. (2007). Core

Strength: Ein neues Modell zur Verletzungsvorhersage und -prävention. Journal ofOccupational Medicine and Toxicology, 1 - 9.

Shaikh, A. , & Mondai, S. (2012). Wirkung von funktionellem Training auf die körperliche Fitness von männlichen Studenten - eine Pilotstudie. Journal of Humanities and Social Science, 01 - 05.

Thompson, C., Cobb, K. M., & Blackwell, J. (2007). Funktionelles Training verbessert die Schlägerkopfgeschwindigkeit und die funktionelle Fitness bei älteren Golfern. Journal ofStrength and Conditioning Research, 131 - 137.

Turner, A. N., & Stewart, P. F. (2014). Kraft- und Konditionstraining für Fußballspieler. Strength and Conditioning Journal, Band 36, Nummer 4.

Villarreal, E. S., Suarez-Arrones, L., Requena, B., Haff, G., & Ferrete, C. (2015). Auswirkungen von plyometrischem und Sprint-Training auf die körperliche und technische Leistungsfähigkeit von jugendlichen Fußballspielern. Journal ofStrength and Conditioning Research, 1-10.

Vreede, P., Samson, M., van Meeteren, N., Duursma, S., & Verhaar, H. (2005). Funktionelles Aufgabentraining versus Widerstandskrafttraining zur Verbesserung der täglichen Funktion bei älteren Frauen: Eine randomisierte, kontrollierte Studie. Journal ofthe American Geriatrics Society, 2-10.

Whitehurst, M., Johnson, B., Parker, C., Brown, L., & Ford, A. (2005). Die Vorteile eines funktionellen Trainingskurses für ältere Erwachsene. Zeitschrift Strength Condition Research, 647 - 651.

Zisis, P. (2013). Die Auswirkungen eines 8-wöchigen plyometrischen Trainingsprogramms oder eines Programms für explosive Kraft. Zeitschrift für Leibeserziehung und Sport, 594 - 600.

Fußball ist eine Sportart, die den Spielern verschiedene Fähigkeiten abverlangt, darunter eine ausgefeilte technische Kompetenz, ein gutes taktisches Verständnis des Spiels, eine auf Leistung ausgerichtete mentale Einstellung und darüber hinaus eine ausgezeichnete körperliche Fitness (Soares, 2005). Im Rahmen des Spiels gibt es ein Element, das Besonderheiten aufweist, die es von den anderen unterscheiden: der Torwart (GK).

Nach Smith und Shay (2013) kann der Torhüter als das Element mit der spezialisiertesten Position auf dem Spielfeld angesehen werden, denn, wie Castelo (2003) feststellt, profitiert der Torhüter von einem anderen Status als alle seine Kollegen in Bezug auf die Art und Weise des Ballkontakts (er kann jeden Teil des Körpers benutzen) und den Schutz seiner taktisch-technischen Verhaltensweisen, wenn er sich innerhalb seines Strafraums befindet, und außerhalb davon wird er als Feldspieler betrachtet. Daraus ergibt sich, dass ein Fußballspiel eine enorme Variabilität der Aktionen des Torhüters erfordert, bei denen sich technische, physische, mentale und emotionale Faktoren überschneiden und taktisch zum Tragen kommen. In diesem Zusammenhang hebt Tavares (1997) ein Kollektiv, ein Team, eine Figur oder ein Ganzes hervor, das mehr als die einfache Summe seiner Teile, seiner Akteure, umfasst; eine totale, formbare Struktur, eine Art organisches und flüssiges, duktiles Material. Super-Selbst oder Team, das sich noch nicht als absolutes und nicht kommunizierbares Selbst konstituiert, ein Abbild des kartesianischen "Ich denke, also existiere ich", sondern das sich erst in der Gegenwart des Anderen, in diesem Fall des gegnerischen Teams, als Protagonist behauptet.

In dieser Hinsicht beschränkt sich der Torhüter nicht nur auf die Verteidigung seines Tores, denn seine Interaktion mit den übrigen Elementen erstreckt sich auf die Ebene der defensiven und offensiven Organisation sowie auf die Momente des Übergangs Angriff-Verteidigung und Verteidigung-Angriff, vor denen er oft eine entscheidende Rolle spielt, nämlich dann, wenn er zum Beispiel seinen Verteidigern Deckung bietet und einen in die Tiefe geschlagenen Ball neutralisiert oder wenn er nach seinem Eingreifen einen schnellen Angriff einleitet.

In diesem Artikel wollen wir den Torwart in das Spiel einbeziehen, indem wir die rechtlichen Anforderungen erläutern, die ihm bestimmte Privilegien und Handlungsbeschränkungen zugestehen. Wir werden auch versuchen, spezifische Muster in den Eigenschaften des Torhüters zu identifizieren, die ihn von anderen Feldspielern unterscheiden, sowohl in physischer als auch in physiologischer Hinsicht, in diesem Fall unter Berücksichtigung des Regimes der Anstrengungen, die der Torhüter normalerweise im Wettkampf unternimmt. Unser Ziel ist es also, das Profil des Torhüters und den Kontext, in dem er agiert, zu diagnostizieren, um Überlegungen zu den am besten geeigneten Strategien für seinen Trainingsprozess anstellen zu können.

1. Der Torhüter im Hinblick auf die Spielregeln

Damit der Torhüter im Rahmen des Spiels mit maximaler Kompetenz agieren kann, muss er zunächst die Fußballregeln kennen. Hier beginnt alles, und in ihrer Funktion erkennt er die Zwänge und Grenzen, denen er unterworfen ist. Wie Tavares (1997) hervorhebt, unterliegt jeder Spieler einer Reihe von Beschränkungen für die Art und Weise, wie er die Materialität seines Körpers umwandelt, da die Regeln auf objektive und präskriptive Weise formalisieren, "was man mit dem Körper in seiner Beziehung zu den anderen tun kann und was nicht".

Hier ist eine Zusammenfassung der Spielregeln, die sich direkt auf die Leistung des Torwarts auswirken. Die hier zusammengestellten Auszüge sind den Spielregeln des Portugiesischen Fußballverbands (2015/2016) entnommen. Wir weisen sowohl die Torhüter als auch ihre Trainer darauf hin, dass es unerlässlich ist, dieses Reglement in seiner Gesamtheit zu lesen, da der Torhüter, obwohl er einen anderen Status hat, allen Gesetzen unterliegt, die die Mannschaft betreffen, der er angehört.

GESETZ 1 DAS SPIELFELD

Torraum (18,56m x 5,5m). Elfmeterschießen (40,56m x 16,5m). Markieren Sie den Elfmeterpunkt 11 m von der Mitte der Linie zwischen den beiden Torpfosten entfernt. Tore (7,32 m x 2,44 m). Netze dürfen an den Toren und am Boden hinter dem Tor angebracht werden, sofern sie so positioniert sind, dass sie den Torwart nicht behindern.

GESETZ 2 DER BALL

Er hat einen maximalen Umfang von 70 cm und einen minimalen von 68 cm; er wiegt zu Beginn des Spiels maximal 450 g und minimal 410 g; er hat einen Druck, der 0,6 und 1,1 Atmosphären (600 - 1100 g/cm2) auf Meereshöhe entspricht.

Wenn der Ball bei der Ausführung eines Strafstosses oder bei Schüssen von der Strafstossmarke nach vorne und bevor er einen Spieler oder den Torpfosten berührt, zerplatzt oder abgefälscht wird, wird der Strafstoss wiederholt.

GESETZ 3 ANZAHL DER SPIELER

Das Spiel wird von zwei Mannschaften mit jeweils maximal 11 Spielern bestritten, von denen einer der Torwart sein wird. Jeder Feldspieler darf den Platz mit dem Torwart tauschen, vorausgesetzt, dass der Schiedsrichter im Voraus über den beabsichtigten Tausch informiert wird und der Tausch während einer Spielunterbrechung stattfindet.

GESETZ *4 DIE* AUSRÜSTUNG DER SPIELER

Jeder Torwart muss ein farbiges Outfit tragen, das ihn von den anderen Spielern und Schiedsrichtern unterscheidet. Wenn die Trikots der beiden Torhüter die gleiche Farbe haben und keiner von ihnen ein andersfarbiges Trikot trägt, lässt der Schiedsrichter das Spiel stattfinden. Ein Torwart darf lange Hosen und eine Schutzausrüstung zum Zwecke des Körperschutzes tragen, sofern diese Ausrüstung keine Gefahr für ihn selbst oder einen anderen Spieler darstellt.

Wir weisen darauf hin, dass Gesetz 4 keinen Hinweis auf GR-Handschuhe enthält.

GESETZ 6 DIE SCHIEDSRICHTERASSISTENTEN

Bei Schüssen von der Strafstossmarke müssen sie ein Zeichen geben, wenn sich der Torhüter vor dem Schuss nach vorne bewegt.

GESETZ 7 DAUER DES SPIELS

Wenn ein Strafstoss ausgeführt oder wiederholt werden muss, muss die Dauer jedes Teils verlängert werden, bis der Strafstoss ausgeführt ist.

GESETZ 8: BEGINN UND WIEDERAUFNAHME DES SPIELS

Ein Tor kann direkt aus einem Anstoß heraus erzielt werden. Wird ein am Boden liegender Ball direkt ins gegnerische Tor geschossen, wird auf Abstoß entschieden. Wird der Ball direkt in das eigene Tor geschossen, muss auf Eckstoß für die gegnerische Mannschaft entschieden werden.

GESETZ10A TORERZIELUNG

Ein Tor ist erzielt, wenn der Ball die Torlinie vollständig überquert hat.

Wie Castelo (2003) feststellt: "Die Aufstellung und Organisation einer Fußballmannschaft beinhaltet unweigerlich das folgende Ziel: Tore in das gegnerische Tor zu schießen und sie im eigenen Tor zu vermeiden, denn nur so ist ein Sieg möglich. Alle individuellen und kollektiven Anstrengungen sind auf die Verfolgung dieses dem Spiel innewohnenden Ziels gerichtet, wobei versucht wird, es so oft wie möglich zu erreichen, unabhängig von dem Wettbewerbsumfeld, in dem es sich befindet".

Dieses Gesetz bestimmt das Ziel des Torwarts: das Tor zu verhindern.

LAW 11 OFFSIDE

Es ist ein Vergehen, wenn ein Angreifer in einer Abseitsstellung das Sichtfeld des Torwarts behindert.

Es ist kein Vergehen, wenn ein Angreifer in Abseitsposition weder das Sichtfeld des Torwarts behindert noch den Ball streitig macht.

Ein Angreifer, der sich in einer Abseitsstellung befindet, wird bestraft, wenn er den Ball spielt oder berührt, der abgefälscht wird, abprallt oder ihm nach einer absichtlichen Abwehr des Torwarts zugespielt wird.

GESETZ 12 ABWESENHEITEN UND UNREGELMÄSSIGKEITEN

Ein indirekter Freistoss wird der gegnerischen Mannschaft zugesprochen, wenn der Torhüter **in seinem eigenen Strafraum** eines der folgenden vier Vergehen begeht: **(i)** den Ball länger als sechs Sekunden in seinem Besitz zu halten, bevor er ihn loslässt; **(ii) den** Ball nach dem Loslassen erneut mit den Händen zu berühren, ohne dass er von einem anderen Spieler berührt wurde; **(iii) den** Ball mit den Händen zu berühren, nachdem er von einem Mitspieler absichtlich in seine Richtung geschossen wurde; **(iv)** den Ball mit den Händen zu berühren, der direkt von einem Einwurf eines Mitspielers kommt.

Ein RG ist in Ballbesitz, wenn er den Ball in den Händen hält oder der Ball sich zwischen seiner Hand und einer Oberfläche befindet, wenn er den Ball in der offenen Handfläche hat, wenn er den Ball auf den Boden springt oder ihn in die Luft wirft. Er ist auch dann in Ballbesitz, wenn er den Ball absichtlich mit den Händen oder Armen kontrolliert. Ein Torwart gilt als in Ballbesitz, sobald er den Ball mit einem Teil seiner Hände oder Arme berührt hat, es sei denn, der Ball prallt zufällig von ihm ab, z. B. nach einem Abschlag. Wenn ein Torwart den Ball in seinem Besitz hat, darf kein Gegner um den Ball kämpfen.

Außerhalb des eigenen Strafraums gelten für den Torhüter dieselben Einschränkungen wie für die anderen Spieler, was die Handhabung des Balls betrifft. Innerhalb des eigenen Strafraums kann er nicht mit einem direkten Freistoß wegen Handspiels oder eines ähnlichen Vergehens bestraft werden. Er kann jedoch für verschiedene Arten von Vergehen mit einem indirekten Freistoß bestraft werden.

Vergehen gegen den Torhüter - Ein Vergehen liegt vor, wenn ein Spieler den Torhüter daran hindert, den Ball aus den Händen zu geben. Ein Spieler muss wegen gefährlichen Spiels bestraft werden, wenn er den Ball schiesst oder zu schiessen versucht, während der Torwart den Ball wieder ins Spiel bringt. Es ist ein Vergehen, wenn ein Spieler die Bewegungen des Torwarts behindert, z.B. bei einem Eckstoß.

GESETZ 13 FREISTÖSSE

Ein indirekter Freistoss, der innerhalb des Torraums zugunsten der angreifenden Mannschaft verhängt wird, muss auf der Torraumlinie parallel zur Torlinie an der Stelle ausgeführt werden, die dem Ort des Vergehens am nächsten liegt. Wird bei der Ausführung eines Freistosses durch die verteidigende Mannschaft im eigenen Strafraum der Ball nicht direkt aus dem Strafraum geschossen, so ist der Freistoss zu wiederholen.

Freistoß durch den Torwart Wenn der Ball ins Spiel kommt und der Torwart den Ball ein zweites Mal berührt (nicht mit den Händen), bevor er von einem anderen Spieler berührt wurde, wird ein indirekter Freistoß für die gegnerische Mannschaft verhängt, der an der Stelle ausgeführt werden muss, an der das Vergehen begangen wurde. Wenn der Ball im Spiel ist und der Torhüter ihn absichtlich mit den Händen berührt, bevor er von einem anderen Spieler berührt wurde, wird ein direkter Freistoss für die gegnerische Mannschaft verhängt, wenn das Vergehen ausserhalb des Strafraums des Torhüters begangen wurde. Ein indirekter Freistoß wird der gegnerischen Mannschaft zugesprochen, wenn das Vergehen innerhalb des Strafraums des Torwarts begangen wurde.

GESETZ 14 STRAFSTOSS

Der Spieler, der den Strafstoß ausführt, muss ordnungsgemäß identifiziert werden. Der Ball wird korrekt auf dem Elfmeterpunkt platziert. Der Torwart der verteidigenden Mannschaft muss auf der Torlinie vor dem ausführenden Spieler zwischen den Torpfosten stehen, bis der Ball geschossen wird. Der Spieler muss den Ball nach vorne schießen. Der Werfer darf den Ball nicht ein zweites Mal spielen, ohne dass er einen anderen Spieler berührt hat. Der Ball ist im Spiel, sobald er getreten wurde und sich vorwärts bewegt.

Wenn der Schiedsrichter das Signal zur Ausführung des Strafstosses gegeben hat und der Torhüter gegen die Spielregeln verstösst, bevor der Ball im Spiel ist, lässt der Schiedsrichter den Strafstoss ausführen; geht der Ball ins Tor, ist auf Tor zu entscheiden; geht der Ball nicht ins Tor, ist der Strafstoss zu wiederholen. Verletzt sich ein Torwart bei der Ausführung von Schüssen von der Strafstossmarke nach der Verlängerung und kann nicht mehr weiterspielen, darf er durch einen registrierten Auswechselspieler ersetzt werden, sofern seine Mannschaft die nach den Wettbewerbsregeln zulässige Höchstzahl an Auswechslungen nicht ausgeschöpft hat. Jeder teilnahmeberechtigte Spieler kann mit dem Torwart den Platz tauschen, während die Schüsse ausgeführt werden. Alle Spieler, mit Ausnahme des Schützen und der beiden Torhüter, müssen sich während der Ausführung der Schüsse im Mittelkreis aufhalten. Der andere Torhüter muss sich auf dem Spielfeld ausserhalb des Strafraums, in dem der Schuss ausgeführt wird, auf der Torlinie in der Nähe der Torlinie befinden, wo diese die Strafraumlinie schneidet.

Das Finten während des Schwunglaufs für einen Elfmeter, um den Gegner zu verwirren, ist erlaubt und gehört zum Fußball. Das Vorgeben, den Ball nach Beendigung des Schwunglaufs zu kicken, stellt jedoch einen Verstoß gegen Regel 14 und ein unsportliches Verhalten dar, und der Spieler muss verwarnt werden.

GESETZ 15-0 SEITLICHER EINWURF

Vom Einwurf aus kann kein Tor direkt erzielt werden.

GESETZ16-DER TORSCHUSS

Ein Tor kann direkt aus einem Abstoß erzielt werden, allerdings nur gegen die gegnerische Mannschaft.

Der Ball wird von einem Spieler der verteidigenden Mannschaft von einer beliebigen Stelle im Torraum aus geschossen. Die Spieler der gegnerischen Mannschaft müssen sich außerhalb des Strafraums aufhalten, bis der Ball im Spiel ist. Der Spieler, der den Strafstoß ausführt, darf den Ball erst wieder spielen, wenn er einen anderen Spieler berührt hat. Der Ball ist im Spiel, wenn er direkt aus dem Strafraum getreten wurde. Wenn der Ball bei einem Abstoß nicht direkt aus dem Strafraum geschossen wird, wird der Abstoß wiederholt.

LAW17- ECKSTOSS

Aus einem Eckstoß kann direkt ein Tor erzielt werden, allerdings nur gegen die gegnerische Mannschaft.

Es ist auch wichtig zu wissen, dass die Fußballregeln Änderungen erfahren haben, die sich direkt auf die Leistung des Torwarts auswirken. Tabelle 1 zeigt einige dieser Änderungen des FIFA-Reglements, die zwischen 1982 und 2006 vorgenommen wurden.

Datum	Beschreibung der Änderung
1982	Der Torwart darf maximal 4 Schritte mit dem Ball in der Hand machen.
1986	Der Spieler, der den Strafstoß ausführt, muss im Voraus identifiziert werden.
1988	Die Torpfosten müssen weiß sein.
1991	Ein Spieler, der den Ball innerhalb des Strafraums absichtlich mit der Hand berührt, mit Ausnahme des Torwarts der verteidigenden Mannschaft, um den Gegner an der Verwirklichung einer klaren Torchance zu hindern, wird des Spielfeldes verwiesen.

1992	
	Der Torwart darf den Ball im Strafraum nicht mit der Hand spielen, wenn er von einem Mitspieler absichtlich zugespielt wird.
	Ein Freistoss, der einer Mannschaft in ihrem Strafraum zugesprochen wird, kann von einem beliebigen Spieler dieser Mannschaft überall im Strafraum ausgeführt werden.
1993	
	Ein Spieler darf den Ball mit dem Kopf, der Brust, dem Knie und dem Schienbein zum Torhüter seiner Mannschaft spielen. Wendet ein Spieler jedoch nach Meinung des Schiedsrichters absichtlich eine Strategie an, um diese Regel zu umgehen, macht er sich eines Fehlverhaltens schuldig, und es wird ein indirekter Freistoß verhängt.
1997	
	Ein indirekter Freistoss wird verhängt, wenn der Torhüter den Ball länger als 5 Sekunden in seinem Besitz (in den Händen) hält.
	Beim Strafstoß steht der Torwart auf der Torlinie zwischen den Pfosten vor der Strafstoßmarke. Die Worte "ohne seine Füße zu bewegen" werden gestrichen.
	Das Tor darf vom Anstoß weg erzielt werden. Der Ball ist im Spiel, wenn er nach vorne gespielt wird.
2000	
	Ein indirekter Freistoß wird verhängt, wenn die Torhüter den Ball mindestens 6 Sekunden in ihrem Besitz (in ihren Händen) halten.
2006	Das Vorteilsrecht wird nicht auf das Vergehen angewendet, aus dem der Strafstoß resultiert.

Tabelle 1. Die Änderungen des FIFA-Reglements zwischen 1982 und 2006 standen in direktem Zusammenhang mit der Tätigkeit der GR (Lafuente & Castellano, 2008; zitiert von Barreira, 2013).

Wir zweifeln nicht daran, dass Regeländerungen, wenn sie vorgenommen werden, den Zweck haben, das Fußballspektakel zu verbessern, aber die meisten dieser Änderungen stehen im Widerspruch zum Hauptzweck des Torwarts, der darin besteht, ein Tor zu verhindern. Bei den bereits erwähnten Änderungen im Jahr 1997 haben wir eine gefunden, die dem Torwart einen

Vorteil verschaffte, als der Ausdruck "ohne die Füße zu bewegen" aus dem Strafstoß gestrichen wurde. Trotz der zunehmenden Widrigkeiten und der Anpassungen an das Spiel, die die Regeländerungen für die Torhüter mit sich gebracht haben, sind wir der Meinung, dass diese Tatsache zu einem größeren Protagonismus und einer Weiterentwicklung ihrer Leistungen im Spiel beigetragen hat. In der Tat erleben wir derzeit hervorragende Leistungen wie bei mehreren Spielen der letzten Weltmeisterschaft, bei denen die verschiedenen Torhüter maßgeblich am Erfolg ihrer Nationalmannschaften beteiligt waren.

2. Physische und physiologische Merkmale des Fußballtorwarts

Aus den oben dargelegten regulatorischen Aspekten, die uns zu dem Schluss geführt haben, dass die Torhüter eine Reihe spezialisierter Verhaltensweisen innerhalb des Spielfelds zeigen, können wir ableiten, dass sich das Profil des Torhüters im Allgemeinen von dem der anderen Spieler unterscheidet. Daher ist es wichtig zu verstehen, welche physischen und physiologischen Merkmale die Torhüter haben und sie von den anderen Spielern im Spiel unterscheiden. Zu diesem Zweck haben wir die von Ziv und Lidor (2011) entwickelte Studie verwendet. In dieser Untersuchung wurden Daten aus 24 Studien zu den Merkmalen von Fußballspielern zusammengestellt. In Tabelle 2 können wir einige morphologische Merkmale der Fußball-GKs sehen.

Die Forscher Reilly und Mitarbeiter (2000) weisen darauf hin, dass anthropometrische Merkmale mit der Rolle des Spielers auf dem Spielfeld korrelieren, und fügen hinzu, dass größere Spieler auf bestimmten Positionen Vorteile haben, nämlich als Torhüter, Innenverteidiger und Mittelstürmer. Ausgehend von der Analyse der in Tabelle 2 genannten Studien stellten die Autoren Ziv und Lidor (2011) fest, dass Torhüter im Vergleich zu Feldspielern größer und schwerer sind.

Andererseits zögern Reilly und Mitarbeiter (2000) nicht, festzustellen, dass "die physiologische Leistungsfähigkeit eines Fußballspielers auch direkt mit seiner Positionierung zusammenhängt". Was das aerobe Profil betrifft, so haben wir festgestellt, dass die GKs ein deutlich niedrigeres Widerstandsniveau haben als die Feldspieler. In der von Ziv und Lidor (2011) entwickelten Studie wurde festgestellt, dass die GRs während eines Spiels etwa 5,5 km zurücklegen, hauptsächlich im Gehen oder Laufen mit geringer Intensität. Vielleicht aus diesem Grund verweist Tonnessen (2013) darauf, dass die Torhüter die Elemente der Mannschaften sind, die die niedrigsteVO aufweisen. , . .

2maximo

3

Studie	Teilnehmer	Wettbewerbsebene	Höhe (cm)	Masse (kg)	Masse Fett (%)	Fettfreie Masse (kg)
Acar et al. (2004)	n=9 / n=6	Liga 1 - Türkei und Zypern / Zweite und dritte Liga - Türkei und Zypern	186.±5.0	79.4+7.6	K.A.	K.A .
Arnason und andere (2004)	n=24	17 Mannschaften aus der Elitedivision 1a Teilung von Island	1852+4.7	81.4+7.7	12.3+5.3	71.4
Bloomfield und al.	n=68 / n=50 / n=60 / n=56 [1.]	Englische Premier League / Deutsche Bundesliga / Italienische Serie A / Spanische Abteilung	188+4 / 189+4 / 186± / 185+4	83.3±6.9 / 82.2+6.2 / 79.1+5. / 81.1±4.3	K.A.	K.A .
Davis und andere (1992)	n=13	8 Mannschaften aus der 1. und 2. englischen Liga	K.A.	86.1+5.5	13.3+2.1	74 6
Duraskovic und al (2002)	n=88	Weltmeisterschaft in Korea und Japan	186.4+5	81.6+6.3	K.A.	K.A .
Guner und andere (2005)	n=20	Torhüter der 1. türkischen Liga	187.2+3	84 7	32+6 97	K.A .

Hencke n & Weiß (2006)	n=2	1 englische Premiership-Mannschaft	185+ 12	86.3+12 .1	K.A.	K.A .	
Matkovi c und andere (2003)	n=7	1 die kroatische Liga	182. 1	80.1	20.2	9	63.
Sporis et arl. (2009)	n=30	12 Mannschaften aus der 1. kroatischen Liga	186+ 3 1	81+2 3	14.2+1. 9	5	69.
Sutton und andere (2009)	n=8	Englische Premier League	190+ 3	91.2±4. 6	K.A. .	K.A	
Taskln	n=42	Die verschiedenen Ligen der Türkei	186+ 3	77.62+3 ,26	K.A.	K.A	
(2008)							

Tabelle 2: Physikalische Merkmale von GRs (Mittelwert ± Standardabweichung; angepasst aus Ziv & Lidor, 2011).

Bei der Betrachtung der anaeroben Leistung, d. h. der konditionellen Fähigkeiten Beweglichkeit und Schnelligkeit, haben Ziv und Lidor (2011) in verschiedenen Studien unterschiedliche Ergebnisse festgestellt, da einige Studien ähnliche Werte zwischen Torhütern und Feldspielern zeigen, während in anderen Studien die Leistung der Torhüter leicht unter den Ergebnissen der übrigen Spieler liegt. Dieselben Autoren betonten, dass die Torhüter in einem Spiel eine hohe Geschicklichkeit bei Richtungswechseln haben müssen, da sie oft auf engem Raum in der Nähe ihres Tores agieren müssen. Andererseits stellen Reilly und Mitarbeiter (2000) unmissverständlich fest, dass "im Fußball auf hohem Niveau ein hohes Maß an anaerober Kraft wünschenswert ist und dass die höchsten Werte dieser Kapazität bei Torhütern, Innenverteidigern und

Stürmern zu finden sind".

Hinsichtlich der Kraftkapazität und der Muskelkraft betonen Ziv und Lidor (2011), dass Torhüter im Vergleich zu Feldspielern im Allgemeinen höhere Werte beim Vertikalsprung aufweisen. In diesem Zusammenhang wiesen sie auf die Bedeutung des vertikalen Sprungs für den Torwart hin, nämlich um Bälle bei Kopfbällen oder Flanken abzufangen.

So können wir bei der Variabilität der Handlungen, denen die GK unterworfen ist, feststellen, dass die physiologisch vorherrschenden Handlungen explosiv sind und die Geschwindigkeit der Muskelkontraktion sehr hoch ist. Nach Arts (2004) besteht eines der Hauptziele der GK darin, motorische Handlungen so schnell wie möglich auszuführen und dabei ein Maximum an Kraft zu erzeugen, um so das eigene Gewicht schnell bewegen zu können. Diese Aussage wird von Mulqueen und Woitalla (2011) bestätigt, wenn die genannten Autoren feststellen, dass eine der wichtigsten konditionellen Fähigkeiten von Torhütern die Explosivkraft ist, insbesondere bei Schüssen aus nächster Nähe, *"weil Torhüter darauf vorbereitet sein müssen, aus einer statischen Position heraus wie eine Feder auf den Ball zuzusteuern, ohne die Lust an einem zusätzlichen Schritt"*. In Anbetracht dieser Aussagen kommen wir zu dem Schluss, dass der Schlüsselfaktor für die Leistung einer Elite-GK darin besteht, Bewegungen auszuführen, bei denen die maximale Energie pro Zeiteinheit aufgewendet wird.

Wir sollten jedoch über die von Tani (2002) aufgeworfene Frage nachdenken: *"Was nützt einem Athleten ein vertikaler Impuls von 1,20 m, wenn er im falschen Moment springt?"* In der Tat, egal wie hervorragend die absolute Kapazität des vertikalen Sprungs sein mag, wenn der Zeitpunkt des Sprungs nicht den räumlichen und zeitlichen Eigenschaften des Balls entspricht, ist die Bewegung ineffektiv. Um auf einen Schuss oder eine Flanke angemessen reagieren zu können, muss der Torwart nicht nur die für diese Aktion erforderliche Explosivkraft aufbringen, sondern sich auch angemessen verhalten, damit er den Ball im richtigen Moment abfangen kann. In diesem Zusammenhang weist Tani (2002) darauf hin, dass die Verbesserung des antizipatorischen *Timings* in vielen Fällen eine Übung voraussetzt, bei der der Schwerpunkt auf dem visuell-perzeptiven Aspekt der Fähigkeit liegt und nicht auf der motorischen Reaktion selbst.

3. Analyse des Torwarts im Spiel

Um Informationen über die Leistung des Torhüters im Spiel zu erhalten, können wir durch die bereits durchgeführte *Zeit-Bewegungs-Analyse* eine Funktions-, Positions- und Anstrengungs-Charakterisierung durchführen, da wir auf diese Weise Daten über die Bewegungen des Torhüters während des Wettkampfs erhalten können. Andererseits können wir durch eine Analyse der Notation auch taktische und technische Verhaltensweisen des Torwarts identifizieren. Durch diese beiden Arten der Analyse können wir also Hinweise erhalten, die uns bei der spezifischen Vorbereitung des Torhüters während seines Trainingsprozesses sicher weiterhelfen. Die Autoren Ziv und Lidor (2011) heben zwei Studien über die Leistung des Torwarts im Spiel hervor. In der von Di Salvo und Mitarbeitern (2008) durchgeführten Studie wurden 62 GRs der englischen Premier League während 109 Spielen beobachtet, und es wurde festgestellt, dass die GRs während eines Spiels 5.611±613m zurücklegen, davon: i) 4.025±440m im Gehen; ii) 1.223±256m in Bewegungen mit niedriger Intensität, mit kleinen Anteilen langsamen Laufens (221±90m); ¡ii) 56±34m im schnellen Laufen und iv) 11±12m im *Sprinten.* Außerdem wiesen sie darauf hin, dass zwischen den Bewegungen mit hoher Intensität Zeiten liegen, die im Allgemeinen eine Erholung der GR ermöglichen. Es ist jedoch anzumerken, dass in dieser Studie Aktionen mit hoher Intensität, wie Dehnen oder Schießen, nicht berücksichtigt wurden.

In einer anderen Studie von De Baranda und Mitarbeitern (2008) analysierten die Forscher die Verhaltensweisen von 34 Torhütern in 54 Spielen der Weltmeisterschaft 2002, wobei die Aktionen der Torhüter während des Abwehrvorgangs aufgezeichnet und gespeichert wurden. Die Daten zeigten, dass: i) 44,4 % der Eingriffe der Torhüter im Strafraum stattfanden; ii) 17,7 % im Torraum und ¡ii) 6,6 % außerhalb des Strafraums. Bei dieser Weltmeisterschaft führten die Torhüter im Durchschnitt 23,4 technische Aktionen pro Spiel durch. Die häufigsten waren: den Ball abblocken, den Ball mit den Füßen kontrollieren, den Mitspielern zuspielen und den Ball wegschießen. Was die körperlichen Aktionen der Torhüter pro Spiel betrifft, so kann man feststellen, dass im Durchschnitt: i) 6,2±2,7 auf Dehnen entfielen; ¡i) 3,8±2,3 auf Springen und i¡) 18,7±6 auf Verschiebungen (vorwärts, rückwärts und seitlich). Die Verlagerungen waren die häufigsten Aktionen, die von den GKs vor der Ausführung einer bestimmten technischen Geste gezeigt wurden.

Diese Art von Forschung liefert uns relevante Informationen über die Leistung des Torhüters, die für seine Vorbereitung entscheidend sind. Untersuchungen, die es ermöglichen, physiologische Daten des Torhüters während des Wettkampfs zu erhalten, würden jedoch sicherlich einen enormen Fortschritt in den wissenschaftlichen Erkenntnissen im Bereich des Fußballtorwarts darstellen. Solche Untersuchungen würden uns helfen, die bioenergetischen Mechanismen, die den Torhütern während eines Spiels auferlegt werden, besser zu verstehen. Wir räumen jedoch ein, dass dies keine leichte Aufgabe ist, denn wie Ziv und Lidor (2011) feststellten, "*sind Trainer wahrscheinlich nicht offen für die Tatsache, dass technische Geräte während offizieller Spiele am Körper ihrer Torhüter angebracht werden".*

Kurz gesagt, unser Ziel war es, das Profil des Torhüters zu ermitteln und Indikatoren für die damit verbundenen regulatorischen, taktisch-technischen und

3

physiologischen Aspekte zu liefern. Diese Indikatoren können auch durch eine Bewertung und Diagnose des Wettbewerbsumfelds, in dem der Torwart agiert, ergänzt werden. Auf diese Weise stützt sich ihre Vorbereitung auf eine Reihe von Daten, die in den Vorbereitungsphasen für den Wettbewerb einen Unterschied machen können. Um ein Trainingsmodell zu entwickeln, das es den Torhütern ermöglicht, ein hohes Leistungsniveau zu erreichen, müssen wir also zunächst über ein Maximum an qualitativen und quantitativen Informationen verfügen, die die Leistung des Torhüters im Spiel positiv beeinflussen können.

Literaturverzeichnis

Kunst, M. (2004). Der SoccerGoalkeeperCoach. Reedswain Publishing.

Barreira, D. (2013). Evolutionäre Trends der taktischen Dynamik im Hochleistungsfußball. Eine Studie über die offensive Phase bei Europa- und Weltmeisterschaften zwischen 1982 und 2010. Porto: D. Barreira. Dissertation in Sportwissenschaften, vorgelegt an der Fakultät für Sport der Universität Porto.

Castelo, Jorge Fernando Ferreira (2003). FUTEBOL - Atividades Físicas e Desportivas: Faculdade de Motricidade Humana.

De Baranda, P.S., Ortega, E., & Palao, J.M. (2008). Analyse der Torhüterabwehr bei der Fußballweltmeisterschaft 2002 in Korea und Japan. Eur J Sport Sei. 2008;8:127-134.

Di Salvo, V., Benito P.J., Calderón, F.J., Di Salvo, M., & Pigozzi, F., Activity ptofile of elite goalkeepers during Football match-play. J Sports Med Phys Fitness. 2008; 48:443-446.

Spielregeln (2015/2016). Von der FIFA autorisierte und von der Federação Portuguesa de Futebol veröffentlichte Übersetzung. Übersetzung: Vítor Pereira und Antonino Silva. Portugiesischer Fußballverband. Lissabon.

Mulqueen, T., & Woitalla, M. (2011). Der komplette Fußballtorwart. Human Kinetics.

Reilly, T., Bangsbo, J. & Franks, A. (2000). Anthropometrische und physiologische Prädispositionen für den Spitzenfußball. Zeitschrift für Sportwissenschaften, 18, 669-683.

Smith, Neal A. & Shay, R. (2013) Ideale Sprungtechnik bei hohen einhändigen Fußballsätzen: Oberhand versus Unterhand. In: Science and Football Vil: The Proceedings of the Seventh World Congress on Science and Football. Wissenschaft und Fußball, Vil .

Soares, J. (2005), O treino do futebolista. Porto Editora.

Tani (2002) Motorisches Lernen und Leistungssport: Ein Fall von Scheidung ohne Ehe. Kapitel des Buches "Esporte e atividade física: Interação entre rendimento e saúde". São Paulo: Manóle, 145-162.

Tani (2010) Forschung auf dem Gebiet des motorischen Verhaltens: Theoretische Modelle, Forschungsmethoden, Analyseinstrumente,

Herausforderungen, Trends und Perspektiven. In: Revista da Educação Física da Universidade Estadual de Maring, v.21, n.3, 1-51.

Tavares, G., (1997). Revista Horizonte - Revista de Educação Física e Desporto, XIII, (76), 9-13. Tonnessen, E., Hem, E., Leirstein, S., Haugen, T., & Seiler, S. (2013). Charakteristika der maximalen Aerobioleistung von männlichen Profifußballspielern, 1989-2012. Internationale Zeitschrift für Sportphysiologie und Leistung, 8, 323-329.

Ziv, G. & Lidor, R. (2011). Physische Eigenschaften, physiologische Attribute und Leistungen von Fußballtorhütern auf dem Spielfeld. Internationale Zeitschrift für Sportphysiologie und Leistung, 6, 509-524.

Álvaro Miguel Pinto de Bastos
Master-Abschluss Professor
Filipe Casanova

0 "Kosten-Nutzen-Verhältnis" des Vorgriffs im
Fußball

Einleitende Anmerkung

Derzeit ist einer der wichtigsten Torhüter (GK) Trainingsprozesse im Zusammenhang mit der zeitlichen Organisation der Bewegung, nämlich in den Aktionen, die Antizipation in ihrer Entscheidungsfindung implizieren.

In der Sportliteratur gibt es Beispiele für Studien, die es uns ermöglichen, die Bedeutung der Antizipation für die sportliche Leistung der Torhüter zu entschlüsseln, insbesondere für die Reaktion auf Schüsse aus kurzer Entfernung. Im Falle des Baseballs analysierten Bahill und LaRitz (1984) den antizipatorischen Prozess des Schlagmanns, bei dem der Ball nach dem Wurf aus Neugierde 100 Meilen pro Stunde erreicht. Daraus lässt sich ableiten, dass die Zeit, die der Ball benötigt, um nach dem Wurf die Schlagzone zu erreichen (ca. 400 Millisekunden), kürzer ist als die Gesamtzeit, die der Schlagmann benötigt, um die Schlagbewegung mit Aussicht auf Erfolg auszuführen, wenn seine Bewegung erst nach dem Wurf beginnt.

In dieser Studie konzentrieren wir uns zunächst auf die Aspekte, die mit der Unvorhersehbarkeit der Handlungen des Fußballtorwarts im Spielkontext zusammenhängen, und heben die Variablen hervor, die die Leistung des Torwarts bedingen und spezifizieren. Anschließend wird auf die Antizipation des Torwarts eingegangen, wobei die Abwehr des Strafstoßes im Vordergrund steht, eine Situation, in der es manchmal zu einer Antizipation des Torwarts kommt. Schließlich stellen wir Überlegungen an, die einerseits darauf abzielen, die Mechanismen, die den geschickten Bewegungen des Fußballtorwarts zugrunde liegen, besser zu verstehen, und andererseits, Indikatoren für die Entwicklung von Trainingsmethoden zu liefern, die eine hervorragende Leistung des Torwarts im Wettkampf fördern.

1. Der unvorhersehbare Kontext der Leistung eines Fußballtorwarts.

"In Anbetracht der Unendlichkeit der organischen und kontextuellen Variablen und der daraus resultierenden astronomischen Anzahl von Interaktionen mag es als eine quixotische und unwägbare Aufgabe erscheinen, das Universum der Variablen zu kartieren, die in die Prozesse des Lernens, der Kontrolle und der motorischen Entwicklung eingreifen.

(Tani et al., 2010, S. 14)

Der Fußballtorhüter ist ein hervorragender Protagonist in einem Spiel, das sich durch seine Unberechenbarkeit auszeichnet, mit Momenten der Ordnung und Unordnung, des Lärms und der Unsicherheit. Dieser Spieler agiert also in einem dynamischen System, das komplexe Bewegungen erfordert, die an die verschiedenen Reize angepasst sind, denen er im Wettbewerb ausgesetzt ist. Wie Tani und Mitarbeiter (2006) feststellen, erfordert das Problem der unvorhersehbaren Umweltveränderungen eine Anpassung der Bewegungsmuster an die besonderen Umstände des Spiels. Daher sollte der Torhüter bei der Ausführung seiner Aufgaben flexible Bewegungsmuster zeigen, um die motorischen Probleme, die er während eines Fußballspiels hat, effektiv zu lösen.

Nach Tani und Mitarbeitern (2006) gibt es nicht eine einzige effiziente Lösung, sondern eine Reihe von Lösungen, die zur Lösung desselben motorischen Problems geeignet sein können. Diese Fähigkeit, dasselbe Ziel zu erreichen oder dieselbe Handlung mit unterschiedlichen Bewegungen

auszuführen, wird als motorische Äquivalenz bezeichnet. Ein Beispiel für eine GK-Aktion, bei der wir eine motorische Äquivalenz beobachten können, ist das Strecken in der Luft, bei dem nur eine Hand in Kontakt mit dem Ball ist. In der Tat können wir zwei verschiedene Ansätze bei der Verteidigung des Balls unterscheiden, wenn er auf die seitlichen und oberen Zonen des Tors gerichtet ist: die Oberhandabwehrtechnik und die Unterhandabwehrtechnik.

In diesem Zusammenhang weisen die Autoren Smith und Shay (2013) jedoch darauf hin, dass die Verwendung der unteren Handtechnik nach den Grundsätzen der Dehnungsqualität konsequenter ist. Dieselben Forscher weisen darauf hin, dass die Oberhandabwehrtechnik in bestimmten Spielsituationen nicht ausgeschlossen werden sollte, nämlich dann, wenn: i) die Torhüter sich zu früh zum Ball strecken; ii) wenn Anpassungen bei der Streckung erforderlich sind; oder ¡ii) wenn sich die Flugbahn des Balls ändert.

4

Abbildung 1 - Darstellung der Strecktechnik mit der unteren Hand.

Abbildung 2 - Bild der Strecktechnik mit der oberen Hand.

Dieses Beispiel der motorischen Äquivalenz sollte uns dazu veranlassen, über die im Training anzuwendenden Strategien nachzudenken, denn *"das Üben kann nicht auf den Versuch reduziert werden, ein einziges Bewegungsmuster zu wiederholen"* (Tani et al., 2006, S. 232), da die dynamischen Umstände des Spiels vom GK offene motorische Fähigkeiten mit ständigen Bewegungsanpassungen erfordern.

Für Tani und Mitarbeiter (2006, S.237) *"gilt eine motorische Fertigkeit als offen, wenn die Umgebung instabil ist, d.h. das manipulierte Objekt oder der Kontext sich während der Ausführung der Aufgabe verändert, so dass die Wahrscheinlichkeit, das Ziel zu erreichen oder ein adäquates Bewegungsmuster auszuführen, abnimmt (...) das bedeutet, dass eine von einer Person ausgeführte Bewegung an diese spezifischen Merkmale der Umgebung angepasst werden muss, um erfolgreich ausgeführt zu werden".*

Der Paradigmenwechsel, der sich in der Wissenschaft zwischen den 1940er und 1950er Jahren vollzog, brachte neue Erkenntnisse für die Konzeption und das Verständnis menschlicher Bewegung mit sich, wobei der Schwerpunkt auf emergenten Eigenschaften, Spontaneität und Selbstorganisation in offenen Systemen lag (Tani et al., 2006). Dieser Paradigmenwechsel ist in den Worten von Tani und Mitarbeitern (2010, p.) implizit enthalten. 28), wenn sie darauf hinweisen, dass *"sich der Schwerpunkt bei der Untersuchung des Phänomens der motorischen Entwicklung bereits von dem Denken entfernt hat, das auf einer klassischen, über Jahrhunderte hinweg erworbenen Auffassung von Wissenschaft beruht und in dem sich die Wissensbereiche differenziert und spezialisiert haben (Bewertung von Ordnung und Kausalität), zu einem systemischen Denken - das vor einigen Jahrzehnten begonnen wurde und auf der Idee der Multidisziplinarität und Komplementarität beruht -, das komplexe, sich verändernde und entstehende Prozesse untersucht, die sich aus Ordnung, Unordnung und Selbstorganisation ergeben",* wobei sich der *"motorische Entwicklungsprozess in einer systemischen Weise entfaltet, in der Veränderungen aus der Interaktion mehrerer Komponenten - der Umwelt, der Aufgabe und des Organismus - entstehen".*

Im Sportkontext gibt es derzeit zwei theoretische Perspektiven des menschlichen Verhaltens, die laut Tani und Mitarbeitern (2010) darauf abzielen, Erklärungen dafür zu finden, wie menschliche Bewegungen unter sich ständig ändernden Umweltbedingungen erlernt und ausgeführt sowie räumlich und zeitlich gut koordiniert und organisiert werden. Nämlich: die motorische Theorie und die Handlungstheorie.

Während bei der ersten Methode das zentrale Nervensystem (ZNS) bei der Steuerung von Bewegungen im Vordergrund steht und eine Form der Repräsentation im Gedächtnis - z. B. das motorische Programm - als Grundlage für die Organisation und Ausführung motorischer Handlungen verwendet, misst die zweite Methode den von der Umwelt vorgegebenen Informationen durch die dynamische Interaktion dieser Informationen mit dem Körper selbst größere Bedeutung bei. (Tani et al., 2010, S. 4). Denselben Autoren zufolge wird in der Handlungstheorie davon ausgegangen, dass die Bewegung *"von unten nach oben"* gesteuert wird, da sie im Gegensatz zur motorischen Theorie den von der Umwelt vorgegebenen Informationen durch die dynamische Interaktion dieser Informationen mit dem Körper selbst mehr Bedeutung beimisst. Diese Theorie *"basiert auf den Prinzipien der Selbstorganisation, die die Möglichkeiten und Unmöglichkeiten von Bewegungsreaktionen einschränken oder erzwingen, ohne dass eine Vermittlung durch ZNS-Repräsentationen erforderlich ist".* (Tani et al., 2010, S. 8).

2. Antizipation im Fußballtorwartspiel.

"Timing bedeutet, die günstigsten zeitlichen Bedingungen für eine Reaktion zu schaffen".
(Tani, 2002, S.149)

Nach Mann und Mitarbeitern (2007) ist es für eine erfolgreiche sportliche Leistung von grundlegender Bedeutung, zu wissen, wann und wohin man schauen muss. Dennoch ist die Beobachtung umfangreich und manchmal mit Informationen überfrachtet, die für die Bewältigung der motorischen Aufgabe entweder relevant oder irrelevant sind. Um eine motorische Fertigkeit mit angemessenem *Timing* ausführen zu können, muss der Sportler über eine verfeinerte kognitiv-perzeptive Fähigkeit verfügen, die ein präzises motorisches Verhalten unter Berücksichtigung des Ziels der Aufgabe fördert.

Bei einem Fußballspiel stellen wir fest, dass der Torwart manchmal auf ein Ereignis reagiert, das noch nicht eingetreten ist, so dass es eine vorausschauende Strategie gibt, die "Kosten" oder "Nutzen" verursachen kann. Im allgemeinen wird diese Art von Strategie angewandt: i) als Reaktion auf Schüsse aus kurzer Entfernung; ii) in Situationen, in denen der Gegner isoliert erscheint und ¡ii) in Elfmeterschießsituationen.

Diaz und Kollegen (2012) schlagen vor, dass die Torhüter in der Situation des Elfmeterschießens visuelle Informationen von der Körperbewegung des Schützen erhalten sollten, bevor der Ball geschossen wird, um die Abwehrbewegung im Vorfeld einzuleiten.

Wie Kerwin und Bray (2006) feststellten, ist der Elfmeter ein Schlüsselfaktor im Fußball und entscheidet oft über den Ausgang eines Spiels. Diese Autoren fanden heraus, dass der Ball beim Elfmeterschießen nach dem Schuss das Tor in einer Zeitspanne von 500 bis 700 Millisekunden erreicht. Diese Tatsache zeigt, dass, wenn der Torwart die Bewegung des Spielers nicht antizipiert, wenn der Schuss gut platziert ist, es wenig Aussicht auf Erfolg gibt, da die Zeit, die der Ball braucht, um das Tor zu erreichen, sicherlich kürzer ist als die Zeit, die der Torwart braucht, um die Abwehraktion durchzuführen, denn bei der Reaktion auf einen Reiz müssen wir die folgenden Mechanismen berücksichtigen: i) Präsentation des Reizes; ii) Identifizierung des Reizes; ¡ii) Auswahl der Reaktion; iv) Programmierung der Reaktion und v) Ausführung der Reaktion (Casanova, 2012).

4

Abbildung 3 - Mechanismus der Reaktion auf einen Stimulus.

In umgekehrter Richtung ist es interessant festzustellen, dass nach Van Der Kamp (2006) Elfmeterschützen zwei unterschiedliche Strategien anwenden: i) eine, bei der der Schütze durch die Aktionen des Torwarts beeinflusst wird und seine endgültige Entscheidung bei der Wahl der Schussrichtung darauf abzielt, die Seite zu antizipieren, auf die er den Wurf des Torwarts erwartet, und so versucht, den Ball auf der gegenüberliegenden Seite zu platzieren, und ii) eine andere, bei der der Schütze den Schuss unabhängig von der Strategie des Torwarts ausführt, in diesem Fall, indem er den Ort, an dem er schießen wird, vorher auswählt, ohne die Aktionen des Torwarts vor und während seines Laufs nach dem Ball zu beachten. In einer späteren Untersuchung stellte Van der Kamp (2011) fest, dass offenbar eine beträchtliche Anzahl von Profispielern die Strategie der "GR-Abhängigkeit" anwendet, jedoch stellte er in seiner Studie paradoxerweise fest, dass Elfmeterschützen, die die Strategie der Abhängigkeit vom Verhalten des Torwarts anwenden, größere Risiken und Nachteile haben, da in diesen Fällen die Schüsse im Vergleich zu den Schüssen von Spielern, die die Strategie der "GR-Unabhängigkeit" anwenden, weniger kraftvoll und nicht so gut ausgerichtet sind. In Anbetracht dieser Indikatoren können wir davon ausgehen, dass das Kosten-Nutzen-Verhältnis bei der Antizipationsstrategie für denjenigen, der die Strafe auf sich nimmt, nicht so positiv ist.

Diaz und Kollegen (2012, S. 848, 849) stellen fest, dass *"Menschen oft das Ergebnis der Handlungen der anderen Person auf der Grundlage der visuellen Informationen, die in den Körperbewegungen der anderen Person verfügbar sind, vorhersehen können."* Diese Autoren werfen auch eine wichtige Frage auf: "Welche Informationen sind in den Körperbewegungen der anderen Person enthalten, die uns dazu veranlassen, das Ergebnis einer Handlung genau vorherzusehen?" Die Fähigkeit, das Ergebnis der Handlung einer anderen Person vorherzusagen, ist angesichts der Komplexität der menschlichen Körperstruktur, ihrer möglichen Konfigurationen und Bewegungen beeindruckend.

Spitzensportler zeichnen sich dadurch aus, dass sie motorische Aufgaben mit einem höheren Maß an Sicherheit und Genauigkeit ausführen und eine optimale Reaktionszeit aufweisen. Nach Oliveira et al. (2011) ist die Reaktionszeit die Zeit zwischen der Präsentation des Reizes und dem Ende der Aufgabe, d. h. sie ist das Produkt aus der Summe der Reaktionszeit und der Bewegungszeit.

Abbildung 4 - Reaktionszeit.

Für Forscher auf diesem Gebiet kann Antizipation i) Effektor, ii) Empfänger und iii) Wahrnehmung sein (Casanova, 2012; Williams & Ward, 2007).
Bei der Effektorantizipation geht es darum, den Zeitpunkt der Ausführung der eigenen Bewegung so vorherzusagen, dass die Reaktion mit einem externen Ereignis zusammenfällt, wobei der gesamte Reaktionsmechanismus beobachtet wird.
Bei der Rezeptorantizipation sind die Auswahl der Reaktion und das Programm der Reaktion integriert, d. h. die Identifizierung des Stimulus wird an die Ausführung der Reaktion weitergegeben.%

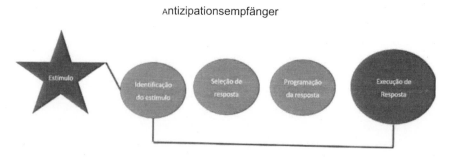

Abbildung 5 - Vorwegnahme des Empfängers

Diese Art der Antizipation setzt das Vorhandensein des Reizes vor und während der Reaktion voraus, bei der der Ausführende die Dauer des externen Ereignisses einschätzen muss. Im Falle des Torwarts kann er Zeit gewinnen, da

6

er je nach der ursprünglichen Flugbahn des Balls eine Projektion der verbleibenden Flugbahn vornimmt und sich darauf vorbereitet, den entsprechenden Ort zu erreichen. Ein Beispiel für eine Situation, in der der Torhüter unserer Meinung nach diese Art der Antizipation nutzen und ausnutzen kann, ist der Abwurf einer Flanke.

Im Falle der Wahrnehmungsantizipation fehlen die Reize, bevor die Reaktion ausgelöst wird, d. h. die GR versucht, das Eintreten eines Ereignisses durch Beobachtung oder aufgrund der Regelmäßigkeit früherer Informationen über den Schützen vorherzusagen. Bei dieser Art der Antizipation können die "Kosten" enorm sein, da eine Korrektur der falschen Antizipation in der Phase der Bewegungsorganisation nicht durchführbar sein kann. Wird diese Art der Antizipation jedoch geschickt durchgeführt, indem die Bewegung im richtigen Moment ausgeführt wird, ohne dem Schützen Hinweise zu geben, kann sich der Nutzen als enorm erweisen.

Wahrnehmende Antizipation

Abbildung 6 - Wahrgenommene Antizipation.

Wenn der Torwart also seine Bewegung beginnt, bevor der Gegner den Ball berührt, wird seine Aktion durch eine visuelle Suche unterstützt, die sich im Wesentlichen auf den Körper des Spielers konzentriert. In den Studien von Williams und Ward (2007) sowie Diaz und Kollegen (2012) wird die Information aus dem Hüftbereich des Spielers als Indikator für die Vorhersage der Ballrichtung herangezogen. Durch die Analyse der gesamten Körperdynamik des Schützen kann der GK jedoch weitere visuelle Informationen gewinnen, die vom Anlauf bis zum Moment des Ballkontakts reichen. Faktoren wie das Laufmuster, die Kopfposition, der Blick, die Position des Standfußes und die Position der Schultern sowohl im Moment des Vorkontakts als auch im Moment des Ballkontakts können sich als nützlich erweisen.

Zusätzlich zu dieser visuellen Suche kann der Torwart Informationen durch die Kartierung von Merkmalen des Gegners erhalten, die auf die Regelmäßigkeit bestimmter Verhaltensmuster hinweisen sollen. Diese Zuordnung kann dem Torwart Vorteile verschaffen, allerdings muss berücksichtigt werden, dass der

Schütze auch den Antizipationsprozess des Torwarts antizipieren kann.

3. **Strategien zur Optimierung der Leistung des Torwarts.**

"Das Unterscheidungsmerkmal für den Erfolg liegt in den motorischen Fähigkeiten."

(Tani, 2002, S. 147)

Nach Arts (2004) besteht eines der wichtigsten motorischen Ziele der GK darin, Bewegungen so schnell wie möglich auszuführen, dabei ein Maximum an Kraft zu erzeugen und somit die Fähigkeit zu haben, das eigene Gewicht schnell zu bewegen. Wie von S0rensen und Mitarbeitern (2008) postuliert, sind jedoch neben den biomechanischen Parametern auch andere Faktoren von grundlegender Bedeutung für die Leistung des Torwarts, nämlich das taktische Verständnis des Spiels, die Positionierung, die Wahrnehmung und die Antizipation. Diese Tatsache sollte uns zum Nachdenken über die folgende, von dem Forscher Tani (2002, S.147) aufgeworfene Frage anregen: "Welchen Sinn hat es für einen Athleten, einen vertikalen Impuls von 1,20m zu haben, wenn er im falschen Moment springt?" Derselben Autor zufolge kann die absolute Leistung des Vertikalsprungs noch so gut sein, wenn die Sprungzeit nicht den räumlichen und zeitlichen Merkmalen des Balls entspricht, wird die Bewegung unwirksam sein. Um auf einen Schuss oder eine Flanke angemessen reagieren zu können, ist es für den Torwart neben der für diese Aktion erforderlichen Explosivkraft von grundlegender Bedeutung, dass die Verhaltenshandlung zum richtigen Zeitpunkt erfolgt, damit er den Ball im richtigen Moment abfangen kann.

Natürlich weiß man, dass in den meisten Mannschaftssportarten die motorischen Ziele unter dem Begriff des "Optimums" in Überlagerung mit dem des "Maximums" dargestellt werden, da im Allgemeinen ein Zielwert vorhanden ist. Um den optimalen Wert zu erreichen, ist es von grundlegender Bedeutung, das Timing der Bewegung in Bezug auf denselben Wert zu kontrollieren, um "die günstigsten zeitlichen Bedingungen für die Reaktion zu schaffen". (Tani, 2002, S.149).

Literaturverzeichnis

Kunst, M. (2004). Der Fußballtorwarttrainer. Spring City: Reedswain Publishing

Bahill, A. T., & LaRitz, T. (1984). Warum können die Schläger nicht auf den Bali schauen? American Scientist, 72(3), 249-253.

Casanova, F. (2012). Wahrnehmungs-Kognitions-Verhalten bei Fußballspielern: Reaktion auf längeres intermittierendes Training. Dissertation in Sportwissenschaften, vorgelegt an der Faculdade de Desporto da Universidade do Porto. Portugal.

Diaz, G. J., Fajen, B. R., & Phillips, F. (2012). Antizipation von biologischen Bewegungen: das Torwartproblem. Journal of experimental psychology: human perception and performance, 38(4), 848864.

Kerwin, D. G., & Bray, K. (2006). Messung und Modellierung des Umschlags des Torwarts bei einem Elfmeter. In E. F. Moritz & S. Haake (Eds.), The Engineering of Sport 6 (pp. 321-326). New York: Springer.

Mann, D. T., Williams, A. M., Ward, P., & Janelle, C. M. (2007). Wahrnehmungskognitive Kompetenz im Sport: Eine Meta-Analyse. Journal ofSport and Exercise Psychology, 29(4), 457.

Oliveira, A. C. P., Gusmão, T. B., Mendes, T. T., & Vieira, M. M. (2011). Einfluss der Sportart auf die Reaktionszeit von Kindern: Kunstturnen versus Judo. EFDeportes.com, Revista Digital, Jahrgang 16, Nr. 159. Consult. 1. Juni 2016, verfügbar unter http://www.efdeportes.com

Smith, N. A., & Shay, R. (2013). Ideale Sprungtechnik bei hohen einhändigen Fußballsätzen: Obere Hand gegenüber unterer Hand. In H. Nunome, B. Drust, & B. Dawson (Eds.), Science and Football Vil: The Proceedings of the Seventh World Congress on Science and Football (S. 67-73). Abingdon: Routledge.

SOrensen, H., Thomassen, M., & Zacho, M. (2008). Biomechanisches Profil von dänischen Elite- und Sub-Elite-Fußballtorhütern. Fußballwissenschaft, 5, 37-44.

Tani, G. (2002). Motorisches Lernen und Leistungssport: ein Fall von Scheidung ohne Ehe. In V. J. Barbanti, A. C. Amadio, J. O. Bento & A. T. Marques (Eds.), Esporte e atividade física (pp. 145-162). São Paulo: Manóle.

Tani, G., Júnior, C. d. M. M., Ugrinowitsch, H., Benda, R. N., Chiviacowsky, S., & Corrêa, U. C.. (2010). Forschung im Bereich des motorischen Verhaltens: Theoretische Modelle, Forschungsmethoden, Analyseinstrumente, Herausforderungen, Trends und Perspektiven. Revista da Educação Física da Universidade Estadual de Maringá, 21(3), 1-51.

Tani, G., Santos, S., & Júnior, C. M. M. (2006). O ensino da técnica e a aquisição de habilidades motoras no desporto. In G. Tani, J. O. Bento & R. D. S. Petersen (Eds.), Pedagogia do Desporto (pp. 227-240). Rio de Janeiro: Guanabara Koogan.

Van Der Kamp, J. (2006). Eine Feldsimulationsstudie über die Wirksamkeit von Elfmeterstrategien im Fußball: Späte Änderungen der Schussrichtung erhöhen die Fehlerquote und verringern die Genauigkeit. Zeitschrift für Sportwissenschaften, 24(5), 467-477.

Van der Kamp, J. (2011). Erforschung der Vorzüge der Wahrnehmungsantizipation beim Elfmeterschießen im Fußball. MotorControl, 15(3), 342-358.

Williams, A. M., & Ward, P. (2007). Wahrnehmungskognitive Kompetenz im Sport: Erkundung neuer Horizonte. In G. Tenenbaum & R. C. Eklund (Eds.), Handbook of sport psychology (pp. 203-223). New York: Wiley.

"In einem Fußballspiel stellen wir fest, dass der GK manchmal auf ein Ereignis reagiert, das noch nicht stattgefunden hat, so dass es eine antizipatorische Strategie gibt, die "Kosten" oder "Nutzen" darstellen kann.

Álvaro Miguel Pinto de Bastos
Master-Abschluss Professor
Filipe Casanova

Die Bedeutung kontextbezogener Übungen für den Lernprozess

Ausbildung von Fußballtorhütern

"Das Spiel ist fast immer so: Regeln, die festgelegt sind, und innerhalb dieser Regeln wird Freiheit geboten. Die Regeln sagen: Über mich hinaus kannst du nicht gehen; und die Freiheit sagt: Aber innerhalb des durch die Regeln begrenzten Raums kannst du viele Dinge tun". (Tavares, 2013 S. 282)

Die unendlich vielen Interaktionen, die in einem Fußballspiel vorkommen können, machen diese Modalität sehr komplex. Die Protagonisten können und müssen ihre ganze Intelligenz und Kreativität einsetzen, um auf die Probleme zu reagieren, mit denen sie im Wettbewerb konfrontiert sind. Diese individuelle Kreativität findet jedoch nicht nur Grenzen in der Regelung des Spiels selbst, sondern wird auch durch ein kollektives Projekt begrenzt, zu dem sie gehört, da sie natürlich auch durch die antagonistischen Handlungen einer anderen kollektiven Intelligenz bedingt ist: die des Gegners.

Bei der Suche nach Lösungen verwenden die Spieler neben dem Wissen, das sie über das Spiel haben müssen, die von ihrem Trainer vorgegebenen Strategien, die in ein taktisches Verhalten umgesetzt werden sollen, das oft ungeordnet erscheint, was im Wesentlichen auf die vom Gegner auferlegten taktischen Aktionen zurückzuführen ist. Diese Tatsache führt dazu, dass das Spiel *"reich an komplizierten Sequenzen ist, die, da sie in der Regel mit hoher Ausführungsgeschwindigkeit ausgeführt werden, aus spontanen und unmittelbaren Handlungen zu resultieren scheinen"* (Garganta, 2009, S.10).

In diesen Momenten setzen die Spieler durch ihre Entscheidungen ihr gesamtes Wissen über das Spiel in die Praxis um und zeigen intelligente Verhaltensweisen, die unzählige Male plötzlich auftauchen. Für Tavares (2013, S. 250) ist der *"Mensch auch aufgrund seiner Dummheit stark, seiner Teile, die darauf spezialisiert sind, nichts zu denken, die darauf spezialisiert sind, nur zu handeln; diese organischen Teile, in denen die Instinkte untergebracht sind, diese Intelligenzen ohne Intelligenz, diese Bewegungen, die bereits gedacht haben, was sie seit Jahrtausenden zu denken hatten, die bereits das Für und Wider abgewogen haben, die bereits die Folgen ihrer Bewegungen gemessen haben und deshalb jetzt nicht mehr messen, nicht mehr vorhersagen, nicht mehr zögern: sie bewegen sich. Seht, höchste Intelligenz wird mit einer offensichtlichen Abwesenheit von Reflexion verwechselt. Man denkt nur nach, wenn man noch nicht entdeckt hat.../"'*

Wir sind uns bewusst, dass die RG ein Schlüsselelement in einem Spiel ist, und bei den entscheidenden Aktionen stellen wir mehrmals Spontaneität fest, d.h. die scheinbare Unreflektiertheit. Wie Tavares (2013, S. 472) jedoch feststellt, *"wird auch die Absicht trainiert und perfektioniert"*, und solche motorischen Fähigkeiten sind sicherlich das Ergebnis früherer Trainingserfahrungen und angesammelter Spiele. So kann man Tani (2002, S. 151) nur beipflichten, wenn er feststellt, dass eine mit motorischem Geschick ausgeführte Handlung den Eindruck erweckt, *"sie sei leicht und einfach, weil sie mit viel Harmonie, Geläufigkeit und Eleganz ausgeführt wird; stellt man sich jedoch den Prozess ihres Erwerbs vor"*, so ist dieser *"sehr komplex und erfordert vom Sportler viel Übung und Hingabe und von demjenigen, der ihn anleitet, spezifische Kenntnisse über die Mechanismen und die zugrunde liegenden Prozesse sowie über die Faktoren, die sie beeinflussen"*.

Ein weiterer Aspekt von enormer Bedeutung, der sich unweigerlich auf die Leistung des Torhüters auswirkt, hat mit der Unendlichkeit der Aktionen zu tun, die sein Gegner ausführen kann, denn *"wir können niemals einen Beweis für die inneren Bewegungen haben, wir können nur einen Beweis für ihre Manifestationen haben, für das, was von innen nach außen gedrückt wird"* (Tavares, 2013, S.292). Angesichts dieser Ungewissheit ist es von grundlegender Bedeutung, dass sich die RG ständig am richtigen Ort und in einem Zustand der Bereitschaft befindet, der es ihr ermöglicht, zum richtigen *Zeitpunkt* einzugreifen. Diesem Zustand der Bereitschaft gehen in der Regel Hochgeschwindigkeitsbewegungen voraus, allerdings mit einer impliziten taktischen Absicht. Entscheidend ist, dass der Torhüter über "Spielintelligenz" verfügt, die *sich* nach Garganta (2009, S. 7) *"aus einem Komplex von Wahrnehmungs- und kognitiven Fähigkeiten wie Antizipation und Entscheidungsfindung ergibt".*

Da diese individuellen Fähigkeiten Teil eines dynamischen Systems sind, in dem es ständige Wechselwirkungen zwischen allen Akteuren gibt, ist es von wesentlicher Bedeutung, dass sich alle Akteure bewusst sind, dass *"die Effektivität sich aus der operativen Komplizenschaft ergibt, die von individuellen Intelligenzen getragen wird, die einer kollektiven Intelligenz dienen sollten"* (Garganta, 2004, S.232). Angesichts dieser Annahme kann man nur zu dem Schluss kommen, dass die physisch-konditionellen, technisch-koordinativen, psychologischen und entscheidungstechnischen Bereiche eines Spielers integrale Aspekte einer taktischen "Supra-Domäne" sind.

Diese Überlegungen führen uns zu der Feststellung, dass die Wettkampfleistung des Torwarts nur durch einen Trainingsprozess verbessert werden kann, der ihm die Teilnahme an offenen Übungen ermöglicht und die taktisch-technische Entscheidungsfindung fördert. Auf diese Weise werden alle Bereiche des Torhüters auf integrierte und kontextualisierte Weise bearbeitet, was vor allem dazu führt, dass dieser Spieler die Autonomie erlangt, um mit Spielintelligenz auf die Anforderungen zu reagieren: "Was ist zu tun, wie ist es zu tun und wann ist es zu tun?"

Wie operationalisiert man...

Wie Garganta (2004, S. 229) feststellt, *"bedeutet Ausbildung die Veränderung von Verhaltensweisen und vor allem von Einstellungen...",* daher *"wird Ausbildung per Definition immer die Ablehnung von Schicksal, Glück und Zufall sein und kann niemals neutral sein. Der Coach muss Partei ergreifen und seine Vision, seine Methode, seinen Weg wählen, wobei er sich bewusst ist, dass Methoden dann gut sind, wenn ihre Anwender ihre Reichweite und ihre Grenzen kennen; in ihrer Allmacht haben alle Methoden Vor- und Nachteile, und deshalb muss die Entscheidung für die eine oder die andere durchdachten und überlegten Gründen gehorchen".*

Wie wir bereits gesehen haben, erfordern die Wettbewerbsbedingungen eines Fußballspiels vom Torhüter ein großes taktisches Wissen, damit er bei Störungen wirksame Mittel zur Lösung der Probleme einsetzt. Bei diesem Streben nach Effektivität muss sich der Torhüter bewusst sein, dass sich das Tor in der äußeren Umgebung befindet, und als solches muss er flexible Mittel einsetzen, die es ihm ermöglichen, auf die Anforderungen des Spiels selbst zu reagieren. Nur so ist der Torwart *in der Lage, "normal (im Rahmen des Geplanten) zu handeln, wenn es nötig ist, aber auch unvorhersehbar zu handeln"*, indem er *"mehrere Möglichkeiten zum* Ausdruck bringt *und im Rahmen des Möglichen... für das Unvorhersehbare zur Verfügung steht"*. (Tavares, 2013, S. 426).

Um den Torhütern Trainingsstrategien an die Hand zu geben, die die Flexibilität ihres Verhaltens fördern, schlagen wir vor, dass der Torwarttrainer neben dem Cheftrainer bei der methodischen Planung der Trainingseinheiten eine aktive Rolle spielt, indem er, wann immer möglich, "seine" Torhüter in kontextbezogene Übungen einbezieht, die mit dem Rest der Mannschaft durchgeführt werden. Durch die Einbindung der Torhüter in Spielformen können die Torhüter aufgrund der Vielzahl und Variabilität der Ereignisse, denen sie ausgesetzt sind, ein größeres Repertoire an Handlungen anwenden, was die Entwicklung von Entscheidungshandlungen fördert, die für ihre Leistung im Wettbewerb relevant sind. Aus einem anderen Blickwinkel betrachtet, glauben wir, dass es für den Cheftrainer einen Mehrwert darstellt, wenn ihm seine Torhüter während der Trainingseinheiten immer zur Verfügung stehen.

In diesem Sinne schlagen Sorensen und Mitarbeiter (2001, 2008) vor, dass spezifische Fähigkeiten des Torhüters in komplexen Situationen trainiert werden sollten, die der Spielrealität sehr nahe kommen. Die Ergebnisse ihrer Untersuchungen zu biomechanischen Aspekten von Fußballtorhütern veranlassten diese Autoren zu der Vermutung, dass das Fähigkeitsniveau eines Torhüters eher durch Faktoren im Zusammenhang mit dem taktischen Verständnis des Spiels, der Wahrnehmung und der Antizipation als durch biomechanische Parameter bestimmt wird.

In diesem Sinne sollte der Torwarttrainer bei der Anwendung von Trainingsmethoden und -mitteln sorgfältig vorgehen, da die Vorbereitung unter Berücksichtigung der defensiven und offensiven Aufgaben des Torwarts im Spiel angemessen sein sollte. Die meisten dieser Aufgaben erfordern vom Torhüter eine große Bewegungspräzision, die Eigenschaften wie Reaktionsschnelligkeit, Gleichgewicht, Explosivkraft, Beweglichkeit, Koordination, Wahrnehmung und Antizipation voraussetzt.

Um die Leistung des Torhüters im Wettkampf zu steigern, ist es daher unerlässlich, dass der Torwarttrainer spezifische Übungen vorgibt, die Verhaltensweisen fördern und anregen, die diese Fähigkeiten mit taktischen und technischen Aspekten verbinden. Zu diesem Zweck finden wir in der allgemeinen und spezifischen Aktivierungsphase neben der Teilnahme der Torhüter an globalen Übungen mit dem Rest der Mannschaft einen günstigen Zeitpunkt, um die Qualitäten des Fußballtorhüters zu stärken. Da diese Zeit jedoch möglicherweise nicht ausreicht und wir es andererseits für wichtig halten, dass die Torhüter am Training mit dem Rest der Mannschaft teilnehmen, kann es wichtig sein, zusätzliche Trainingseinheiten für die Torhüter zu planen. In diesem Fall ist es die Aufgabe des Torwarttrainers, die Trainingsmomente, in denen

Übungen zur Verbesserung der Leistung der Torhüter durchgeführt werden, sorgfältig zu planen. Es ist wichtig, dass diese Übungen den richtigen Transfer zu den verschiedenen Spielsituationen bieten und dass der Torhüter sie ohne eingeschalteten "Autopiloten" absolviert.

Wir wissen jedoch, dass auf nicht-professioneller Ebene diese Möglichkeit, Trainingseinheiten "separat" zu planen, beeinträchtigt werden kann, da laut Arts (2004) die für das Training zur Verfügung stehende Zeit begrenzt ist und solche Anlässe in der Regel vor oder nach dem Training der Mannschaft stattfinden. Wird das spezifische Training des Torwarts hingegen nach dem Haupttraining durchgeführt, ergibt sich ein weiteres Problem, da die Entwicklung der körperlichen und motorischen Fähigkeiten, die für die Leistung des Torwarts so wichtig sind, beeinträchtigt werden kann, da es sich um Fähigkeiten handelt, die im Wesentlichen hohe Werte für die reaktive und spezifische Geschwindigkeit und die Explosivkraft erfordern. Hier muss der Torwarttrainer die Bedürfnisse seiner Spieler in jedem Moment verstehen, seine Planung an den Kontext anpassen, in dem er eingesetzt wird, und alle Vor- und Nachteile seiner Entscheidungen abwägen.

Ein Aspekt, der für die Förderung der Spielintelligenz von Torhütern von grundlegender Bedeutung zu sein scheint, besteht darin, sie schon in jungen Jahren dazu anzuregen, das Fußballspiel zu studieren und zu verstehen, denn laut Mulqueen und Woitalla (2011) erreichen viele Torhüter trotz hervorragender Leistungen bei der Abwehr von Schüssen kein hohes Niveau, weil sie das Spiel nicht gut lesen können. Dieselben Autoren heben hervor, dass ein gutes Spielverständnis voraussetzt, dass die Torhüter einerseits ihre Verteidigung gut organisieren können, insbesondere durch eine effiziente Kommunikation, und dass sie andererseits die Angriffe des Gegners vorhersehen können, indem sie sich stets hervorragend auf dem Spielfeld positionieren. Eine gute Strategie besteht darin, junge Torhüter zu ermutigen, das Verhalten von Spitzentorhütern in Spielsituationen zu beobachten.

Inspiriert durch die Zeit, in der wir uns befinden, ist es wichtig, Garganta (2006) zu paraphrasieren, wenn er sagt, dass *"das olympische Ideal - Citius, Altius, Fortius (d.h. weiter, höher, stärker) - unvollständig ist, in einer klaren Beschwörung der Bedeutung, die die menschliche Intelligenz in der Ausübung des Sports erlangt"*.

5

Literaturverzeichnis

Kunst, M. (2004). Der Fußballtorwarttrainer. Spring City: Reedswain Publishing.

Garganta, J. (2004). Atrás do palco, nas oficinas do Futebol. In J. Garganta & Oliveira & M. Murad (Eds.), Futebol de muitas cores e sabores. Reflexões em torno do desporto mais popular do mundo, (pp. 227-234). Porto: Campo das Letras.

Garganta, J. (2006). Ideen und Fähigkeiten zum "Lotsen" des Fußballspiels. In Go Tani, J. Bento & R. Peterson (Eds.). Sportpädagogik: (S.313-326). Rio de Janeiro: Guanabara Koogan. Garganta, J. (2009). Talentsuche, -auswahl und -förderung in Sportspielen: Fakten, Mythen und Missverständnisse. In Actas do II Congreso Internacional de Deportes de Equipo. Editorial y Centro de Formación de Alto Rendimento.

Mulqueen, T., & Woitalla, M. (2011). Der komplette Fußballtorwart. Kampagne, II: Human Kinetics.

S0rensen, H., Thomassen, M., & Zacho, M. (2001). Biomechanisches Profil von Fußballtorhütern [elektronische Version], ISBS-Conference Proceedings Archive,1(1). Beratung. Datum der Konsultation. Verfügbar unter: https://ojs.ub.uni-konstanz.de/cpa/article/view/3902/3619

S0rensen, H., Thomassen, M., & Zacho, M. (2008). Biomechanisches Profil von dänischen Elite- und Sub-Elite-Fußballtorhütern. Fußballwissenschaft, 5, 37-44.

Tani, G. (2002). Motorisches Lernen und Leistungssport: Ein Fall von Scheidung ohne Ehe. In V. J. Barbanti, A. C. Amadio, J. O. Bento, & A. T. Marques (Orgs.), Sport und körperliche Aktivität: Wechselwirkung zwischen Leistung und Lebensqualität (S. 145-162). Tambore: Manóle Tavares, G. M. (2013). Atlas do corpo e da imaginação: Teoria, fragmentos e imagens. Almada: Editorial Caminho.

Álvaro Miguel Pinto de Bastos
Master-Abschluss Professor
Filipe Casanova

....

DIE BEDEUTUNG DES VERHALTENS DES FUSSBALLTORWARTS IN DEN MOMENTEN VOR DER ABWEHR.

Betrachtet man das Verhalten des Torhüters (GK) im Spiel genauer, wird schnell klar, dass die Bewegungen, die den Verteidigungsaktionen vorausgehen, entscheidend für den Erfolg sind. Wie Mulqueen und Woitalla (2011) feststellen, ist die Verteidigung nur ein kleiner Teil des Prozesses, und die Leistung eines Torhüters in einer Verteidigung erfordert eine entscheidende Vorbereitung, bevor der Gegner den Schuss abgibt. Bei dieser Vorbereitung muss der Torhüter zwei grundlegende Anforderungen berücksichtigen: i) eine optimale taktische Positionierung und ii) einen Zustand der Bereitschaft, der es ihm ermöglicht, die Aktion so effektiv wie möglich durchzuführen.

Nach Moreira und Marcelino (2014) hängt die effiziente technische und taktische Leistung mit der Fähigkeit der Spieler zusammen, ihre Aufgaben und Handlungen kompetent auszuführen und sich dabei von strategischen Zielen und taktischen Verhaltensweisen leiten zu lassen, wobei die körperliche Verfassung und die Antizipation des Sportlers als einschränkende Faktoren bei den verschiedenen taktisch-technischen Handlungen betrachtet werden können. In diesem Sinne ist es für einen Torhüter, der während des gesamten Spiels eine adäquate taktische Positionierung an den Tag legt, von entscheidender Bedeutung, dass er sowohl in der Entscheidungsfindung als auch in biomechanischen Aspekten, in diesem Fall in Bezug auf seine Verlagerungen und sein posturales Gleichgewicht, über ein hohes Maß an Kompetenz verfügt.

Was die Entscheidungsfähigkeit betrifft, so scheint es uns von größter Bedeutung zu sein, dass der Torhüter selbstbewusste Entscheidungen trifft, die sich in der richtigen Positionierung für die verschiedenen Wettkampfsituationen niederschlagen. Wie Savelsbergh und Kollegen (2002) feststellen, ist für eine erfolgreiche sportliche Leistung in vielen Fällen eine gute Wahrnehmungsfähigkeit sowie eine effiziente und präzise Ausführung von Bewegungsmustern erforderlich. Denselben Autoren zufolge setzen Sportarten mit hohem Spieltempo voraus, dass die Athleten manchmal Entscheidungen treffen und vorausschauende Bewegungen ausführen. Auch Mulqueen und Woitalla (2011) weisen darauf hin, dass Torhüter unbedingt die gegnerischen Angriffe antizipieren und die beste Positionierung auf dem Spielfeld einnehmen müssen, und betonen in diesem Fall die Bedeutung des antizipatorischen *Timings eines* Torhüters, das für den Erfolg einer bestimmten Maßnahme

5

entscheidend ist. So ist in allen Spielmomenten höchste Konzentration vom Torhüter gefordert, da sich dieser Spieler "nicht auf die Verteidigung seines Tores beschränkt, da sich seine Interaktion mit den übrigen Elementen auf die Ebene der defensiven und offensiven Organisation sowie auf die Momente des Übergangs Angriff-Verteidigung und Verteidigung-Angriff erstreckt, vor denen er oft eine entscheidende Rolle spielt, nämlich dann, wenn er zum Beispiel seinen Verteidigern Deckung bietet und einen in die Tiefe geschlagenen Ball neutralisiert ...". (Bastos und Casanova, 2016).

Auf diese Weise ist der Torwart in der Lage, vorausschauende Informationen über die Körperbewegungen des Gegners zu nutzen, die zu einer antizipativen Reaktion führen (Salvelsbergh et al., 2005). Ein klassischer Fall für eine vorausschauende Strategie

ist die Abwehr eines Elfmeters. In diesem Zusammenhang stellen Franks und Harvey (1997) fest, dass der Ball das Tor innerhalb von 600 Millisekunden nach dem Schuss erreicht. Kerwin und Bray (2006) hingegen fanden heraus, dass diese Zeit zwischen 500 und 700 Millisekunden schwankt.

Diese Daten zeigen, dass ein gut platzierter Strafstoß dem Torwart keine große Verteidigungsmöglichkeit bietet, da in dieser Situation die Zeitspanne, die der Ball braucht, um das Tor zu erreichen, geringer ist als die Gesamtzeitspanne, die der Torwart für die Durchführung der Verteidigungsaktion benötigt.

Neben dem Elfmeterschießen gibt es in einem Fußballspiel noch andere Situationen, in denen der Torwart eine antizipatorische Strategie anwendet, nämlich dann, wenn der Gegner isoliert ist oder aus einer sehr geringen Entfernung zum Torwart schießt.

Bei dieser dynamischen Darbietung können wir eine große Variabilität der vom Torwart ausgeführten Bewegungen sehen, um die bestmögliche taktische Positionierung zu erreichen. Manchmal sind diese Positionen intensiv und explosiv, nämlich wenn sie in Tornähe eingenommen werden.

Nach Bompa (2004, S.3) sind "maximale Kontraktion, Reaktionszeit und die Fähigkeit, kraftvolle Bewegungen mit höchster Frequenz und in kurzer Zeit auszuführen, wichtige Fähigkeiten für Athleten jeder Sportart, um das höchste Leistungsniveau zu erreichen". Im Falle des Fußballs ist es für Ziv und Lidor (2011) erforderlich, dass die Torhüter über eine hohe Geschicklichkeit in Bezug auf Richtungswechsel verfügen, und wie Arts (2004) betont, besteht eines der Hauptziele dieser Spieler darin, motorische Aktionen so schnell wie möglich auszuführen und dabei ein Maximum an Kraft zu erzeugen, so dass sie in der Lage sind, ihr eigenes Gewicht schnell zu bewegen.

Wie wir also sehen, ist es klar, dass die Verschiebungen, die auf die bestmögliche taktische Positionierung abzielen, ein wichtiger Teil der Momente

sind, die der

Verteidigung (siehe Abbildungen 1 und 2).

Abbildung 1 und 2 - Beispiele für Verschiebungen bei der Datenerfassung.

Ein anderer Faktor ist jedoch von entscheidender Bedeutung. Es handelt sich um die Körperhaltung, die der Torwart in den Momenten vor seinen Eingriffen einnimmt. Ein Zustand der Bereitschaft, der es dem Torhüter ermöglicht, die Abwehr mit der größtmöglichen Effektivität auszuführen, ist in der Tat eine wichtige Voraussetzung für den Erfolg. in der Leistung dieses Players. Wenn jedoch die der Abwehr vorausgehenden Bewegungen nicht in einer ausgewogenen Körperhaltung gipfeln, die es dem GK ermöglicht, mit der angemessensten Technik und zum richtigen *Zeitpunkt* einzugreifen, kann der Erfolg der motorischen Aktion gefährdet sein.

Daher sollten auch schnelle und explosive Aktionen, die mit impliziten taktischen Absichten ausgeführt werden, in einer Körperhaltung gipfeln, die es dem Torwart ermöglicht, die am besten geeignete technische Geste unter Berücksichtigung der jeweiligen Situation zu wählen.

Auf diese Weise ermöglicht die ausgewogene Körperhaltung des Torhüters, dass er sich in einem Zustand der Bereitschaft befindet, der es ihm ermöglicht, die am besten geeignete technische Aktion in der kürzest möglichen Zeit durchzuführen. In bestimmten Spielsituationen stellen wir fest, dass der Bereitschaftszustand eines Torwarts je nach der Vielfalt der Situationen, denen er ausgesetzt ist, variiert. So unterscheidet sich beispielsweise die Körperhaltung eines Torhüters bei der Vorbereitung auf die Abwehr von Schüssen aus großer Entfernung (siehe Abbildung 3) in der Regel von der Körperposition vor der Abwehr eines Schusses aus kurzer Entfernung, da in diesen Fällen der Schwerpunkt des Torhüters in der Regel tiefer liegt und auch die Positionierung der Hände anders ist (siehe Abbildung 4).

Es ist auch wichtig zu beachten, dass die unterschiedlichen physiologischen

Eigenschaften der Torhüter in ähnlichen Situationen zu Unterschieden in den Bereitschaftszuständen zwischen den Torhütern führen können, da wir oft sehen, dass die Torhüter unterschiedliche Muster in ihren Körperhaltungen zeigen, selbst als Reaktion auf ähnliche Schüsse. In dieser Hinsicht ist es wichtig, dass die Torhüter ihre anthropometrischen Eigenschaften und ihre physiologischen Fähigkeiten genau kennen, damit sie über biomechanische Haltungen nachdenken können, die ihnen bei den verschiedenen Eingriffen im Spiel mehr Effektivität verleihen.

Hier kann die Rolle des Trainers entscheidend sein, da er unter Berücksichtigung der Merkmale der GK entscheidende Hinweise geben und individuelle Trainingsübungen erstellen kann, die ihre GKs dazu anregen, die am besten geeigneten Haltungen einzunehmen, um auf die verschiedenen Anforderungen zu reagieren.

In diesem Sinne ist es wichtig, die physiologischen und mechanischen Variablen zu verstehen, die die Leistung eines GK beeinträchtigen können. Auf der Suche nach maximaler biomechanischer Effizienz bei explosiven Bewegungen der GK, wie z. B. bei den Dehnübungen in der Luft, sollten wir die Worte von Hall (2013) berücksichtigen, wenn dieser Autor hervorhebt, dass ein Muskel wesentlich mehr Arbeit leisten kann, wenn er vor der Verkürzung aktiv gedehnt wird, als wenn er sich einfach zusammenzieht. Da sich die Muskeln, Sehnen und Bänder der unteren Gliedmaßen während des Laufens wie eine Feder verhalten und somit einen Anstieg der elastischen Kraft begünstigen, verstehen wir, dass die Anwendung von Kraft auf den Boden, während der verschiedenen Stützen, während der Bewegung, entscheidend für die GHR sind, um höhere Energieindizes bei der Durchführung ihrer Interventionen zu erwerben. Angesichts dieser Tatsache glauben wir, dass der Einsatz des vorderen Fußdrittels bei der Ausführung von Vortriebsaktionen auf dem Rasen die Erzielung einer größeren Vortriebsenergie fördern kann.

Manchmal ist es jedoch nicht möglich, die Abwehr mit vorherigem Schwungschritt(en) auszuführen, so dass der Torwart in seinem Bereitschaftszustand eine Körperhaltung finden muss, die ihm die Möglichkeit gibt, den bestmöglichen Vortrieb in den verschiedensten Streckungsmöglichkeiten auszuführen. Hier erinnern wir uns an die Worte von Mulqueen und Woitalla (2011), wenn sie darauf hinweisen, dass *"die Torhüter bereit sein müssen, aus einer statischen Position heraus wie eine Feder auf den Ball zuzugehen, ohne die Lust auf einen zusätzlichen Schritt"*.

Abbildung 3 - Beispiel für die Grundstellung des GR.

Abbildung 4 - Beispiel für den Stand der Bereitschaft des GR für Schüsse aus nächster Nähe.

Für die Bereitschaft des GK scheint es daher entscheidend zu sein, dass die Bodenreaktionskräfte auf das vordere Drittel der Füße fallen, vorzugsweise bei gleichmäßiger Verteilung des Körpergewichts auf beide unteren Gliedmaßen. Wenn der Körper hingegen symmetrische Merkmale zwischen der rechten und der linken Seite der GK aufweist, garantiert dies ein Körpergleichgewicht, das es der GK ermöglicht, auf jede Situation effizient zu reagieren.

Um diese Situation zu fördern, wird vorgeschlagen, dass die GR symmetrisch zwischen der rechten und der linken Seite sein sollte und dass die Schultern etwas vor dem Rest der Ausrichtung liegen sollten.
corporal (ver Figura 5).

Abbildung 5 - Position des GR, an der die Positionierung der Schultern vorne beobachtet werden kann.

Daher scheint die Art und Weise, wie der Torwart Kraft auf das Spielfeld ausübt, entscheidend zu sein, und die Beschleunigung der Bewegung ist ein entscheidender Aspekt für die Wirksamkeit der motorischen Aktionen. Nach Hall (2013) stellt die Beschleunigung die Änderungsrate der Geschwindigkeit oder die Geschwindigkeitsänderung dar, die in einem bestimmten Zeitintervall auftritt.

Das Beschleunigungsgesetz (Newtons zweites Bewegungsgesetz) besagt, dass eine Kraft, die auf einen Körper einwirkt, eine Beschleunigung dieses Körpers in seiner Richtung und umgekehrt proportional zur Masse des Körpers bewirkt, und zwar mit einer zu dieser Kraft proportionalen Größe.

Manchmal sind die Stützzeiten sehr kurz, und es ist wichtig, dass die GK effizient arbeiten, um die von ihren Muskeln erzeugte Energie optimal zu nutzen. Bei diesem Streben nach biomechanischer Effizienz ist es wichtig, dass der Torwart einen schnellen Impuls ausübt, der es ihm ermöglicht, während einer Abwehraktion ein hohes Maß an Beschleunigung zu erreichen. Eine Körperhaltung, bei der sich die Bodenreaktionskräfte auf die Bereiche des Körpers konzentrieren, die in der Regel für den Vortrieb des Sportlers genutzt werden, d. h. das vordere Drittel der Füße, verschafft dem Torwart einen größeren Vorteil, da auf diese Weise die für die biomechanische Aktion benötigte

Zeit minimiert wird, was es dem Torwart ermöglicht, den Ball so schnell wie möglich zu erreichen.

Ein weiterer Aspekt, der bei der Körperhaltung der GKs, die einer Intervention vorausgeht, hervorgehoben werden sollte, hängt mit der Lage ihres Schwerpunkts zusammen. In diesem Bereich sollte laut Bompa (2004) berücksichtigt werden, dass der Weg des Schwerpunkts durch die Größe der Kraft bestimmt wird, die zum Zeitpunkt des Stoßes gegen den Widerstand des Bodens ausgeübt wird, da diese Kraft die Trägheit des Körpers und die Wirkung der Schwerkraft überwinden muss, und da diese Kraft vom Körpergewicht abhängt, kann nur das Training der Muskelkraft und der Leistung diese Kraft erhöhen, die notwendig ist, um die Wirkung der Schwerkraft zu überwinden und dem Athleten zu ermöglichen, höher zu springen. Für denselben Autor wird diese Kraft durch eine schnelle Kontraktion beim Strecken der Beine erzeugt, und je schneller diese Streckung ist, desto größer ist die Kraft, die gegen den Boden erzeugt werden kann. Zuvor müssen zur Vorbereitung der Krafterzeugung Hüfte, Knie und Knöchel gebeugt werden, gefolgt von einer starken Streckung des Beins/der Beine. Diese Tatsachen führen zu der Feststellung, dass die RG durch die Senkung des Schwerpunkts eine stärkere Muskelkontraktion erreichen kann, wobei jedoch zu berücksichtigen ist, dass nach demselben Autor die für die Streckung der Beine erforderliche Kraft umso größer ist, je tiefer die Hocke ist. Da die Ausführung spezifischer technischer Bewegungen, die so schnell wie möglich ausgeführt werden, ein Schlüsselfaktor für die Leistung einer GHR ist, ist es wichtig, dass die GHR unter Berücksichtigung der für die Krafterzeugung aufgewendeten Zeit die effektivsten Körperhaltungen für die Ausführung ihrer Bewegungen findet.

Ein weiterer konditionierender Faktor für die Leistung einer GK ist die elektromechanische Verzögerung, die laut Hall (2013, S. 138) *"die Zeit zwischen dem Eintreffen des neuronalen Reizes und der Erzeugung von Spannung durch den Muskel ist"*, denn *"wenn ein Muskel stimuliert wird, vergeht eine kurze Zeit, bevor der Muskel beginnt, Spannung zu erzeugen"*. Es ist natürlich wichtig, dass diese Verzögerung so kurz wie möglich ist, damit die Reaktion des GK vor einer Aktion des Gegners in der kürzest möglichen Zeit erfolgt.

Vorschläge für den Ausbildungsprozess.

Um die Wettkampfleistung eines Fußballtorhüters in den Verhaltensweisen, die der Abwehr vorausgehen, zu maximieren, sollten die Trainingsprogramme die Entscheidungsfindung und die biomechanischen Faktoren berücksichtigen, die den Erwerb von Verhaltensabsichten fördern, um ausgezeichnete taktische Bewegungen zu erzielen, und es dem Torhüter gleichzeitig ermöglichen, eine Körperhaltung einzunehmen, die es ihm erlaubt, die am besten geeignete technische Geste in der kürzest möglichen Zeit auszuführen.

Bei der Vorbereitung der GK wird davon ausgegangen, dass die verschiedenen Stimuli in der Lage sind, konsistente Anpassungen sowohl bei den Bewegungen als auch bei den Körperhaltungen zu fördern. Von grundlegender Bedeutung scheint uns auch zu sein, dass der Ausbildungsprozess von zwei Grundprinzipien getragen wird: dem Grundsatz der Spezifität und dem Grundsatz der Individualisierung.

Im Hinblick auf den Grundsatz der Spezifität sollte das Training speziell auf die Entwicklung der charakteristischsten Bewegungsmuster für die Leistung der GK im Wettkampf abzielen, um eine bestmögliche Anpassung zu erreichen. Es ist auch wichtig, das vorherrschende Energiesystem in ihren wichtigen Aktionen im Spiel zu berücksichtigen, in diesem Fall das alaktische anaerobe System sollte durch die Schaffung von Übungen bei maximaler Intensität und von kurzer Dauer durchgeführt verbessert werden.

Was das Prinzip der Individualisierung betrifft, so sollten wir die Worte von Bompa (2004) berücksichtigen, wenn dieser Autor vorschlägt, dass jeder Athlet entsprechend seiner Kapazität, seinem Potenzial, seinen Lerncharakteristika und der Spezifität der Modalität individuell behandelt werden sollte und dass der Trainingsprozess entsprechend den besonderen Eigenschaften des Athleten modelliert werden sollte.

In Anbetracht dieser Prinzipien und um die Wettkampfleistung der GKs zu steigern, halten wir es für absolut relevant, dass die mit diesen Spielern durchzuführenden Übungen eine große Vielfalt an Reizen beinhalten und die Verbesserung des neuromuskulären Verhaltens bewirken, nämlich durch Potenzierung:

i) die Lauftechnik, die Koordination und die Geschwindigkeit der Muskelkontraktion bei den verschiedenen für den GK charakteristischen Bewegungen;

ii) die Reaktionsgeschwindigkeit, durch visuelle Reize in spezifischen technischen Bewegungen der GKs oder in Übungen, die die richtige Übertragung auf die verschiedenen Wettkampfsituationen haben. Auf diese Weise wird es möglich sein, die elektromechanische Verzögerung bei der Ausführung der verschiedenen technischen Gesten, die normalerweise von den GKs ausgeführt werden, zu minimieren;

iii) die Explosivkraft, die eine Verbesserung des Dehnungs- und Verkürzungszyklus fördert, vor allem der Muskeln der unteren Gliedmaßen, die an den verschiedenen technischen Aktionen der GKs beteiligt sind. Hier kann qualitativ hochwertige pliometrische Arbeit von grundlegender Bedeutung sein, um ein gutes Niveau der Muskelkraft zu erreichen;

iv) die Muskeln um die Hüfte, die im Wesentlichen durch das "Core"-Training entwickelt werden, das nach Colaço (2014) für eine gute Haltung beim Laufen verantwortlich ist, und diese Arbeit sollte mehrere ¡sometrische Übungen enthalten, die in der Lage sind, insbesondere die Haltungsmuskeln im gleichen Verhalten der Muskelkontraktion zu arbeiten. Wir gehen davon aus, dass diese Art von Arbeit auch die beste Leistung der GK in ihren Bereitschaftszuständen begünstigen wird.

v) Propriozeption, die laut Colaço (2014) nicht nur von entscheidender Bedeutung für die Vorbeugung einiger Verletzungen ist, sondern auch für die Verbesserung der Kraft der unteren Gliedmaßen und des posturalen Gleichgewichts entscheidend ist.

Schließlich möchten wir die Bedeutung der Beobachtung, Interpretation und technischen Korrektur der Gesten des GK durch den Trainer hervorheben. Diese Diagnose ist von entscheidender Bedeutung, um mögliche Fehler in den Bewegungen und verschiedenen Körperhaltungen zu erkennen, die der Verteidigung vorausgehen. Daher sind wir der Meinung, dass der Torwarttrainer, abgesehen von der grundlegenden Beobachtung der Torhüter in Spielen und Trainingseinheiten mit dem Rest der Mannschaft, sich bei einigen spezifischen Übungen nur auf das Körperverhalten konzentrieren sollte, indem er nämlich auf die Bewegungen und die Körperhaltung des Torhüters achtet, der die Abwehr ausführt, und die Ausführung der Schüsse den anderen am Trainingsprozess beteiligten Torhütern überlässt.

Literaturverzeichnis

Kunst, M. (2004). *Der Fußballtorwarttrainer.* Spring City: Reedswain Publishing.

Bastos, A. M. P. & Casanova, F. (2016). Das "Kosten-Nutzen-Verhältnis" der Antizipation beim Fußballtorwart. *Scientific Training: The Journal of Professionals, 28,* 21-24.

Bastos, A. M. P. & Casanova, F. (2016). Caraterísticas do guardaredes de futebol e seu contexto de atuação. *Treino Científico: A Revista dos Profissionais,* 27, 22-26.

Bompa, T. O. (2004). *Krafttraining für den Sport: Pliometrische Übungen zur Entwicklung der Maximalkraft.* São Paulo: Phorte Editora LTDA.

Colaço, P. (2014). Straßenlauftraining: Neues aus der Forschung und seine praktische Anwendbarkeit im Training. In Y. M. Soares (Ed.), *Treinamento esportivo: aspectos multifatoriais do rendimento* (pp. 123- 138). Rio de Janeiro: MedBook.

Franks, I. M. & Harvey, I. (1997). Hinweise für Torhüter: Hightech-Methoden zur Messung der Reaktion auf Strafstöße. *Soccer Journal- Binghamton-National Soccer Coaches Association of America, 42,* 30-33.

Hall, Susan J. (2013). *Biomecânica Básica* (6.ª ed.). Rio de Janeiro: Guanabara Koogan. Kerwin, D. G., & Bray, K. (2006). Messung und Modellierung des Umschlags des Torwarts bei einem Elfmeter. In E. F. Moritz & S. Haake (Eds.), *The Engineering of Sport 6* (pp. 321-326). New York: Springer. Moreira, A., Marcelino, P. R., (2014). Leistungsvermögen bei wiederholten Sprints im Mannschaftssport. In Y. M. Soares (Ed.), *Treinamento esportivo: aspectos multifatoriais do rendimento* (pp. 3-35). Rio de Janeiro: MedBook.

Mulqueen, T., & Woitalla, M. (2011). *Der komplette Fußballtorwart.* Kampagne, II.: Human Kinetics. Savelsbergh, G. J., Williams, A. M., Kamp, J. V. D., & Ward, P. (2002). Visuelle Suche, Antizipation und Kompetenz bei Fußballtorhütern. *Zeitschrift für Sportwissenschaften, 20*(3), 279-287.

Savelsbergh, G. J., Van der Kamp, J., Williams, A. M., & Ward, P. (2005). Antizipation und visuelles Suchverhalten bei erfahrenen Fußballtorhütern. *Ergonomics, 48*(11-14), 1686-1697.

Ziv, G., & Lidor, R. (2011). Physische Merkmale, physiologische Eigenschaften und Leistungen von Fußballtorhütern auf dem Spielfeld. *Internationale Zeitschrift für Sportphysiologie und Leistung, 6*(4), 509-524.

Meister Pedro

Valdemar Professor

Filipe Casanova

DER EINFLUSS VON EINZELAKTIONEN IM SPIEL DER

HOCHLEISTUNGSFUSSBALL - Fallstudie bei einem portugiesischen Erstligisten

EINFÜHRUNG

Aufgrund der Entwicklung des Spiels sind die Verteidigungen immer besser organisiert, so dass Spielzüge zu einer alternativen Möglichkeit geworden sind, Tore zu erzielen. Aus diesem Grund werden sie oft als Schlüsselschüsse bezeichnet, und folglich gibt es mehrere Spiele, in denen diese Schüsse das Spiel entscheiden, wobei es zumindest in der Statistik schwierig ist, einen klaren Sieger zu finden.

In diesem Artikel soll die Bedeutung von Spielzügen im Hochleistungsfußball untersucht werden, da dies ein entscheidender Moment für die Leistung von Profimannschaften ist. In der Saison 2015/2016 wurde eine Fallstudie in einem portugiesischen Erstligisten durchgeführt, um zu überprüfen, inwiefern diese Maßnahmen für den sportlichen Verlauf der Saison entscheidend waren.

METHODIK

In dieser Studie wurden 39 Spiele berücksichtigt, von denen 34 auf die Meisterschaft und die restlichen 5 auf den portugiesischen Pokal und den Ligapokal entfielen. Diese wurden anhand der Fernsehübertragungen analysiert, deren Video es ermöglichte, jedes der Stücke zu analysieren.
Tore, die aus Spielsteinen erzielt wurden, wurden als direkte Tore gewertet, wenn sie
unmittelbar nach der Ausführung der jeweiligen Handlung entstanden sind und indirekt, wenn sie aus einer nachfolgenden Kombination resultieren.
Die quantitative Analyse der Daten erfolgte mit Hilfe der deskriptiven Statistik durch Häufigkeit des Auftretens, Mittelwert und Prozentsatz. Da es sich bei jeder Aktion um eine einheitliche Maßnahme handelt, wurden die Durchschnittsergebnisse auf die nächste Einheit gerundet, während die prozentualen Ergebnisse auf Zehntel gerundet wurden.

Die folgenden Tabellen zeigen in knapper Form die Anzahl der direkt und indirekt durch Spielzüge erzielten und kassierten Tore.

Ações \ Golos	Golos Marcados de Bolas Paradas								
	Cantos Ofensivos		Livres Ofensivos		Penáltis Ofensivos	Lançamentos Ofensivos		Pontapés de Baliza Ofensivos	Transições Ofensivas
	Diretos	Indiretos	Diretos	Indiretos		Diretos	Indiretos		
Sub Total	0	0	2	2	8	1	2	1	6
Total	0		4		8	3		1	6

Hervorzuheben ist die Anzahl der Gegentore durch zweite Bälle. Zählt man die Summe der Tore, die aus Spielsteinen erzielt und kassiert wurden, einschließlich der Übergänge, die sich aus diesem Moment ergeben, so ergibt sich, dass 17 Tore aus zweiten Bällen entstanden sind. Das waren beachtliche Zahlen, über die es sich lohnt nachzudenken! Auf der einen Seite gab es 9 zweite Bälle, die von der Mannschaft gewonnen wurden, die das Spielgerät erobert hatte, den Ball zurückeroberte und trotzdem ein Tor erzielen konnte. Andererseits gab es 8 zweite Bälle, die von der verteidigenden Mannschaft gewonnen wurden, die dann beim offensiven Übergang ein Tor erzielte. Das heißt, diese Daten sollten uns auf die Bedeutung von zweiten Bällen aufmerksam machen, die in diesem Fall aus dem Spiel heraus entstehen, da das, was eine Torchance zu unseren Gunsten zu sein scheint, bei einer zweiten Gelegenheit erneut genutzt werden kann, oder zu einem drohenden Tor für den Gegner werden kann.

Ações \ Golos	Golos Sofridos de Bolas Paradas								
	Cantos Defensivos		Livres Defensivos		Penáltis Defensivos	Lançamentos Defensivos		Pontapés de Baliza Defensivos	Transições Defensivas
	Diretos	Indiretos	Diretos	Indiretos		Diretos	Indiretos		
Sub Total	7	3	5	0	7	0	2	1	2
Total	10		5		7	2		1	2

In den drei Wettbewerben, an denen die Mannschaft während der Saison teilnahm, erzielte sie 46 Tore und kassierte 65 Gegentore.

Von den erzielten Toren stammten 16 aus offensiven Vorstößen, 20 aus offensiven Übergängen und 10 aus offensiver Organisation. Die Zahlen sehen jedoch anders aus, wenn man bedenkt, dass Spielzüge einflussreich sind und aus ihnen Tore resultieren können. Wenn man die 6 Tore, die bei einer offensiven Umstellung erzielt wurden, als solche betrachtet, dann können wir sehen, dass in diesem Moment mehr Tore erzielt wurden, wie wir in der nächsten Abbildung sehen können.

Die Anzahl der Gegentore ergibt sich aus 25 Toren bei Standardsituationen, 17 Toren bei der Umstellung der Defensive und 23 Toren bei der defensiven Organisation. Nach dem, was zuvor dargelegt wurde, wenn die 2 Gegentore aus der defensiven Umstellung, die aus Die Bedeutung von Standardsituationen für die Anzahl der Gegentore wird noch verstärkt, wie folgende Zahlen zeigen

na figura seguinte.

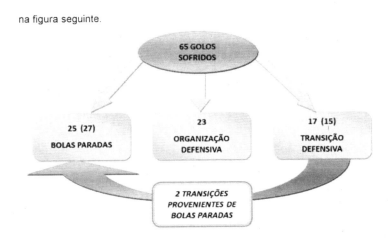

Wenn man die 111 erzielten und die kassierten Tore zusammenzählt, ergeben sich 41 Tore aus Standardsituationen, 37 aus Übergängen und 33 aus organisierten Angriffen. Diese Daten zeigen, wie wichtig Spielzüge sind, denn in 36,9 % der Fälle fielen in diesem Spielabschnitt die meisten Tore. Wenn wir jedoch bedenken, dass Spielzüge einflussreich sind und aus ihnen Übergänge mit Toren entstehen, dann können wir sehen, dass die Bedeutung von Spielzügen sogar noch offensichtlicher ist, mit 49 Toren, die mit diesem Moment verbunden sind, was ungefähr 44% der Gesamtzahl der Tore bedeutet. Diese Daten sind in der folgenden Grafik dargestellt.

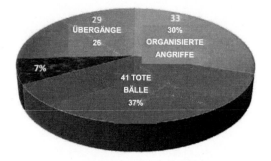

Andererseits ist es wichtig, die Häufigkeit von Toren aus dem Spiel heraus zu analysieren, ihren Einfluss auf das Ergebnis und die Art und Weise, wie sie das Ergebnis und die Klassifizierung der analysierten Mannschaft beeinflussen.
In diesem Sinne wurde festgestellt, dass von den 39 gespielten Spielen in 21 davon Tore durch tote Bälle fielen, was 53,8 % der Gesamtzahl der gespielten Spiele entspricht. In diesem Sinne ist dies eine weitere Variable, die die Bedeutung von Versatzstücken im Fußballspiel belegt.
Was den Einfluss von Spielsteinen auf den Ausgang der Meisterschaftsspiele angeht, so hatten Tore durch diesen Moment direkten Einfluss auf den Ausgang von 9 Spielen. Bei der Analyse der Art und Weise, wie die Punkte errungen wurden, haben wir festgestellt, dass in vier Spielen 8 Punkte durch Tore aus Abseitsstellungen errungen wurden, während wir bei der Auswertung der nicht errungenen Punkte durch Gegentore aus demselben Moment festgestellt haben, dass in fünf Spielen 13 Punkte nicht errungen wurden.

Kurz gesagt, ausgehend von den insgesamt erzielten Punkten und unter Berücksichtigung der Punkte, die durch den direkten Einfluss von Toren aus dem Spiel heraus gewonnen wurden oder nicht, stellen wir fest, dass dieser Moment aus den folgenden Gründen entscheidend für das Ergebnis und die Klassifizierung der analysierten Mannschaft war:
- Hätte diese Mannschaft nicht 8 Punkte durch Tore aus dem Spiel heraus

geholt, wäre sie abgestiegen;

- Hätte die Mannschaft die 13 Punkte geholt, die sie aufgrund von Gegentoren nicht gewinnen konnte, wäre sie nur noch einen Punkt von der Qualifikation für die europäischen Wettbewerbe entfernt gewesen.

SCHLUSSBEMERKUNGEN

Aus den vorgelegten Daten lässt sich ableiten, dass in mehr als der Hälfte der Spiele die meisten Tore bei Spielunterbrechungen fielen, nämlich 44 % der Gesamttore. Darüber hinaus wurde auch eine größere Bedeutung dieser Art von Schüssen bestätigt, da sie das Ergebnis von neun Spielen direkt beeinflussten, was das Ergebnis und die jeweilige Klassifizierung der untersuchten Mannschaft bedingte.

Auf diese Weise betrachten wir die Spielzüge als entscheidend im Hochleistungsfußballspiel, da sie über Erfolg oder Misserfolg einer Mannschaft entscheiden. Daher ist es wichtig, sich durch Vorbereitung im Training darauf einzustellen, damit die gewünschten Effekte im Spiel reproduziert werden können.

Meister Álvaro
Alves Prof. Rui
Garganta Prof.
Filipe Casanova

Funktionelles Training im Fußball, angewandt auf die Qualität der Bewegung
: TEIL I

Funktionelles Training ist ein System von Übungen und Trainingsprogrammen, die eine Verbesserung der sportlichen Vorbereitung zum Ziel haben (Boyle, 2004). Garganta und Santos (2015) erklären, dass *"funktionelles Training eine Reihe von Übungen bedeutet, die die körperliche Fitness auf der Grundlage von "Bewegungsmustern" fördern, die die Ausführung einer breiten Palette von täglichen Aufgaben oder Sporttechniken unterstützen"*. In diesem Sinne definiert Boyle (2010) als Hauptziel des funktionellen Trainings die Reduzierung von Verletzungen, gefolgt von der Verbesserung der Leistung.

Nach D'Elia und D'Elia (zitiert von Regado, 2015) sind einige der wichtigsten Aspekte und Vorteile des funktionellen Trainings:

(i) Trainingstransfer: Beim funktionellen Training werden Bewegungen eingesetzt, die alltäglichen Tätigkeiten ähneln;

(ii) Einsatz von Primärbewegungen, wie z. B. Hocken, Rollen, Ziehen oder Schieben, um nur einige zu nennen;

(iii) Multiplanare Bewegungen, die das Zusammenwirken mehrerer Gelenke erfordern;

(iv) Kontrollierte Mengen an Instabilität, die eine gute Lernmöglichkeit für das Subjekt darstellen, um zu reagieren und die Stabilität wiederzuerlangen;

(v) Entwicklung von Körper- und Haltungsbewusstsein.

Beckham und Harper (2010) weisen darauf hin, dass funktionelles Training Verbesserungen in den Bereichen Gleichgewicht, Mobilität, Propriozeption, neuromuskuläre Kontrolle und Kernstabilität bewirken kann.

2

Der Gelenk-für-Gelenk-Ansatz wurde von Gray Cook und Michael Boyle entwickelt. Der menschliche Körper wird als eine Ansammlung von Gelenken betrachtet, die je nach ihren Hauptbedürfnissen entweder als Stabilitätsgelenke oder als Bewegungsgelenke klassifiziert werden können (Boyle, 2010). Abbildung 1 veranschaulicht, wie die verschiedenen Gelenke aufeinander folgen, wobei sich Stabilitäts- und Mobilitätsfunktionen abwechseln.

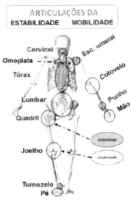

Abbildung 1 - Darstellung des *Joint-by-Joint-Ansatzes* (angepasst von Garganta und Santos, 2015).

Ein stabiles Gelenk braucht auch eine gewisse Beweglichkeit und umgekehrt, auch wenn dies nicht seine Hauptfunktion ist. Cook (2010) nennt als Beispiel das Kniegelenk, das, wenn es ausreichend beweglich ist, vor allem stabil sein muss, um in einer angemessenen Bewegungsebene des Körpers bleiben zu können.

Nach Cook (2001) umfasst die Mobilität die muskuläre Flexibilität, die Amplitude der Gelenkbewegung und die Interaktion, die die verschiedenen Körpersegmente in funktionellen Positionen und Bewegungsmustern erzeugen. Die Stabilität hingegen bezieht sich auf die Körperbeherrschung, die durch den Einsatz von Komponenten wie Kraft, Koordination und Gleichgewicht erreicht wird. Die Stabilität kann in zwei Kategorien unterteilt werden:

(i) Statische Stabilität - bezieht sich auf die Aufrechterhaltung des Gleichgewichts und der Körperhaltung.

(ii) Dynamische Stabilität - besteht aus der Erzeugung und Kontrolle von Bewegungen und umfasst unter anderem Aspekte wie Mobilität, Flexibilität, Koordination und Kraft. Wie der Autor betont, wird die dynamische Stabilität nicht besser, wenn die Mobilitäts- und Flexibilitätsindizes nicht hoch sind.

3

Nach Boyle (2010) stehen Verletzungen in engem Zusammenhang mit der Dysfunktion eines Gelenks, die sich in den meisten Fällen auf ein oder mehrere darüber liegende Gelenke auswirkt. Aus dieser Sicht lassen sich Rückenschmerzen im Lendenbereich durch die mangelnde Beweglichkeit des Hüftgelenks erklären.

Folgt man der Argumentation des Autors, so kann man leicht erkennen, dass die Funktionsstörung eines Gelenks größere Probleme an anderen Stellen des Körpers verursachen kann, die zu Schmerzen und Verletzungen führen. In dem oben genannten Beispiel wird die mangelnde Beweglichkeit der Hüfte durch das darüber liegende Gelenk, also die Lendenwirbelsäule, ausgeglichen. Dieses Gelenk sollte jedoch für Stabilität und nicht für Beweglichkeit sorgen. Wenn die Lendenwirbelsäule beweglicher wird, wird sie weniger stabil, d. h. ihre Funktion verschlechtert sich, was bei den Betroffenen Schmerzen auslöst.

Dieses Konzept wird schließlich von Boyle (2010) in drei Haupttypen von Dysfunktion zusammengefasst:

- Der Verlust der Beweglichkeit in den Knöcheln (Tibiotarsalgelenk) führt zu Schmerzen in den Knien, die ein Stabilitätsgelenk sind und die fehlende Beweglichkeit in den Knöcheln kompensieren müssen. Cook (2010) ist in dieser Hinsicht sehr explizit: *"Der Knöchel sollte Bewegungsfreiheit haben. Es darf keine Einschränkungen am Knöchel geben".*

- Der Verlust der Beweglichkeit in der Hüfte führt zu Rückenschmerzen, insbesondere im unteren Rückenbereich.

- Der Verlust der Brustkorbbeweglichkeit kann zu Nacken-, Schulter- oder Rückenschmerzen führen.

Mit der Zeit wird das Muster deutlich: Stabilitätsgelenke kompensieren die mangelnde Beweglichkeit näher gelegener Gelenke, was zu Schmerzen führt. Die Bewegungsmuster werden durch den Mangel an Kraft und Bewegungsumfang eines bestimmten Gelenks beeinträchtigt (Beckham und Harper, 2010), wodurch Kompensationen entstehen, die zu Verletzungen führen können. So erklärt Cook (2001), dass *"wenn ein Mobilitätsproblem besteht, dieses angegangen und behoben werden muss, bevor echte Stabilität eintreten kann".*

Cook (2010) argumentiert, dass es nicht möglich ist, die Kniestabilität zu verbessern, wenn die Beweglichkeit von Hüfte und Fußgelenk eingeschränkt ist. Die Konzentration auf das problematische Gelenk setzt nämlich voraus, dass die darüber und darunter liegenden Gelenke einwandfrei funktionieren, was selten der Fall ist. Daher ist es beim *"Gelenk-für-Gelenk"-Ansatz* von grundlegender Bedeutung, einen systemischen Ansatz anzuwenden, der sich auf die Gelenke oberhalb und unterhalb des Gelenks konzentriert, das ein bestimmtes Problem darstellt.

Boyle (2010) argumentiert, dass ein inkonsistentes Problem in einer passiven Position eine gute Mobilität zeigt, aber nicht in einer aktiven Position. Im Gegenteil, ein echter Mangel an Mobilität zeigt einen Mangel an Bewegungsumfang in beiden Positionen. Der Autor verwendet die Kniebeuge als Beispiel für diese Perspektive.

In einem ersten Szenario kann der Athlet keine angemessene Kniebeuge ausführen, ist aber in der Rückenlage in der Lage, die Hüfte über 90 Grad zu beugen und dabei den Rücken gerade zu halten. Mit anderen Worten: Der Athlet verfügt über eine ausreichende Beweglichkeit, um die Kniebeuge auszuführen, aber die fehlende Stabilität erlaubt es ihm nicht, diese Bewegung zu kontrollieren, und daher scheint es ihm an Bewegungsumfang zu fehlen.

In einem zweiten Szenario kann der Sportler weder richtig in die Hocke gehen noch die Hüfte in der Rückenlage über 90 Grad beugen, was bedeutet, dass die Beweglichkeit der Hüfte tatsächlich eingeschränkt ist.

In Anlehnung an Cooks Philosophie sollte die Entwicklung der Mobilität der Entwicklung der Stabilität vorausgehen, die wiederum der Bewegung vorausgehen sollte, die eine gute Mobilität und dynamische Stabilität erfordert, um gut ausgeführt werden zu können (Boyle, 2010).

Trotz der Vorteile, die dieser Ansatz mit sich bringen kann, kommt es immer noch häufig vor, dass diese Bedenken bei Sportlern nicht vorhanden sind, so dass sie Übungen ausführen, bei denen die Bewegungsmuster nicht die richtigen sind, oft mit einer zusätzlichen externen Belastung. Boyle (2010) erklärt, dass, wenn ein dysfunktionales Muster mit einer externen Last belastet wird, das wahrscheinlichste Ergebnis eine Verletzung ist, da der Körper gezwungen ist, die zusätzliche Last zu bewältigen, die einem fragilen System auferlegt wird. Cook (2001) stellt fest, dass berührungslose Verletzungen aus kompensatorischen Strategien resultieren, die von Sportlern mit Problemen auf der Ebene der Grundbewegungen ausgeführt werden. Derselbe Autor verweist darauf, dass Mobilität und Stabilität die Qualität der funktionellen Bewegung darstellen, die als Grundlage für eine gute Leistung angesehen wird, wie in Abbildung 2 dargestellt.

Spezifische Techniken für die jeweilige Modalität
Fertigkeit
Quantität der funktionalen Leistung
Funktion
Qualität der funktionellen Bewegung
Stiftung

Abbildung 2 - Darstellung der Leistungspyramide (in Anlehnung an Cook, 2001).

Garganta und Santos (2015) argumentieren auch, dass der Sportler über Funktionalität als Grundlage für eine gute Leistung verfügen muss, d. h. er muss *"über Gelenkbeweglichkeit (die Fähigkeit, Gelenke mit der für die Aufgabe geeigneten Amplitude zu bewegen) und Stabilität (die Fähigkeit, Belastungen ohne schädliche Spannungen oder Ausgleichsbewegungen zu widerstehen) verfügen"*.

Auch wenn der Sportler nicht über eine gute Basis an Bewegungsqualität verfügt, kann er dennoch gute Leistungen erbringen, sowohl in allgemeinen Aspekten als auch in spezifischen Fertigkeiten. Cook (2001) stellt sogar fest, dass dies bei vielen Sportlern ein gängiges Szenario ist (siehe Abbildung 3). Er argumentiert jedoch, dass eine bessere Beweglichkeit und Stabilität zu Verbesserungen beim Sportler führen würde, indem das Verletzungsrisiko gesenkt und die Bewegungseffizienz sowie die funktionelle Leistung (Funktion) erhöht werden.

Fähigkeit
Funktion
Stiftung

Abbildung 3 - Darstellung der Leistungspyramide, die bei vielen Sportlern anzutreffen ist (in Anlehnung an Cook, 2001).

Literaturverzeichnis

Beckham, S. G., Harper, M. (2010). Funktionelles Training: Modeerscheinung oder Dauerzustand. *American College of Sports Medicine Health & Fitness Journal,* 14(6), 24-30.

Boyle, M. (2004). *Funktionelles Training für den Sport.* Illinois, USA: Human Kinetics.

Boyle, M. (2010). *Fortschritte im funktionellen Training: Trainingstechniken für Trainer, Personal Trainer und Athleten.* Kalifornien, USA: On Target Publications.

Cook, G. (2001). Grundlegende Sport-Fitness-Tests. In Foran, B. (Ed.), *High-Performance Sports Conditioning* (pp. 19-48). Illinois, USA: Human Kinetics.

Cook, G. (2010). *Bewegung: Funktionale Bewegungssysteme: Screening, Bewertung, Korrekturstrategien.* Kalifornien, USA: On Target Publications.

Garganta, R., & Santos, C. (2015). Vorschlag für ein System zur Förderung der sportlichen Betätigung/des Sporttreibens auf der Grundlage "neuer" Perspektiven für den funktionellen Treino. In R. Rolim, P. Batista, & P. Queirós, *Desafios Renovados para a aprendizagem em Educação Física* (pp. 125 - 158). Porto: Editora FADEUP.

Regado, J. (2015). *O Treino Funcional no Contexto do Futebol: na equipa sub13 do Futebol Clube Marinhas.* Porto: J. Regado. Bericht über ein Berufspraktikum zur Erlangung eines Master-Abschlusses in Kinder- und Jugendsport, vorgelegt an der Fakultät für Sport der Universität Porto.

Meister Álvaro
Alves Prof. Rui
Garganta Prof.
Filipe Casanova

Funktionelles Training im Fußball, angewandt auf die Qualität der Bewegung: TEIL II

Wie im ersten Teil des Artikels erwähnt, konzentriert sich der gelenkbezogene Ansatz auf die richtige Entwicklung der Beweglichkeit und Stabilität der verschiedenen Gelenke des Körpers, je nach ihrer vorherrschenden Funktion. Boyle (2010) misst der Beweglichkeit des Tibiotarsal- und Hüftgelenks große Bedeutung bei. Zum einen kann im Tibiotarsalgelenk ein ganzer Prozess von Einschränkungen und Kompensationen beginnen. Andererseits können Einschränkungen in der Bewegung der Hüfte und des Lenden-Becken-Komplexes bei Sportlern Rückenschmerzen auslösen und sogar zu Rupturen der Schienbeine beitragen. Derselbe Autor plädiert dafür, Übungen, die die Beweglichkeit dieser Gelenke fördern, in die Trainingseinheiten einzubauen. Dies war der Bezugspunkt für die Fallstudie, die in einer nationalen U19-Fußballmannschaft entwickelt wurde und die im Folgenden vorgestellt wird.

Die Stichprobe dieser Studie bestand aus 28 Sportlern, die in eine Kontroll- und eine Versuchsgruppe mit jeweils 14 Sportlern unterteilt waren. Nur ein Athlet, der an der Studie teilnahm, nahm nicht an der nationalen Meisterschaft der Junioren A - Division I teil.

Das Durchschnittsalter der Kontrollgruppe betrug 18,14±0,77 Jahre, das Durchschnittsgewicht, die Körpergröße und der Body Mass Index (BMI) lagen bei 72,8±5,03 kg, 1,79±0,45 m bzw. 22,68±1,16. Von der Kontrollgruppe waren 5 Sportler seit 5 oder mehr Jahren im Verein.

Die Versuchsgruppe wies ein Durchschnittsalter von 18±0,78 Jahren auf und verzeichnete Durchschnittswerte in Bezug auf Größe, Gewicht und IMC von 67,99±5,74kg, 1,77±0,60m bzw. 21,63±1,12. In dieser Gruppe waren 4 Athleten bereits seit 5 oder mehr Jahren Mitglied des Vereins.

Die 28 Athleten unterzogen sich zwei identischen Bewertungen, die erste am 03. März 2016 und die zweite am 07. Juni 2016, jeweils zwischen 17 und 18.30 Uhr. Alle Bewertungen fanden im Domingos Soares Lopes Games Park statt, in einem der Umkleideräume mit den besten Bedingungen.

Die Bewertung der Athleten war in zwei Abschnitte unterteilt: einen kürzeren, in dem allgemeine Daten über den Athleten und seine Leistung bei

8

zwei einfach anzuwendenden und zu messenden Übungen *(modifizierter Stand und Reichweite und* Schulterbeweglichkeit) aufgezeichnet wurden, und einen längeren, in dem der Athlet die meisten der vorgeschlagenen Übungen ausführte, wobei der Athlet gleichzeitig von zwei Kameras in frontaler und seitlicher Perspektive gefilmt wurde.

Die Athleten durften die Übungen mit Turnschuhen durchführen, aber nicht mit den Schuhen, die sie beim Fußballtraining tragen, da diese ihre Leistung bei der Bewertung negativ beeinflussen könnten. Die Athleten sollten ihre Trainingsshirts ausziehen und auch ihre Trainingsshorts hochkrempeln, damit der Rumpf und die unteren Gliedmaßen in dem Moment, in dem sie gefilmt und bewertet wurden, besser beobachtet werden konnten.

Das Bewertungsprotokoll umfasste die unten genannten Übungen.

Schaubild 1 - Übungen, aus denen sich das Bewertungsprotokoll zusammensetzt.

ÜbungBeschreibungIllustration

Test von Thomas

Erstellt von Dr. Hugh Owen Thomas. Der Sportler setzt sich auf eine Liege, beugt eine der unteren Gliedmaßen (MI) und hält sie mit beiden Händen fest, während er auf der Liege liegt. Im Liegen sollte er den anderen MI, der das Ziel der Bewertung sein wird, vollständig entspannen.

Anhebung der MI	In der Rückenlage sollte der Sportler die LLs zusammen und gestreckt platzieren. Er/sie sollte dann eine der LL so weit wie möglich anheben, sie immer gestreckt halten, den Kontakt des Beckens mit dem Untersuchungstisch aufrechterhalten und die andere LL nicht beugen.	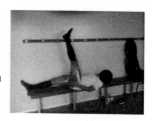
Einbeinige Kniebeuge	Mit nur einem Fuß auf dem Boden sollte der Athlet 3 Kniebeugen mit der MI ausführen und dabei versuchen, den Rumpf senkrecht zu halten. Der Athlet muss keine große Kniebeugung durchführen (eine Kniebeugung zwischen 120 und 140 Grad wird verlangt).	
Volle Hocke	Der Sportler führt drei Varianten der *Kniebeuge aus, wobei* er jeweils 3 Wiederholungen macht. Der Athlet hält mit beiden Händen eine Stange und geht so tief wie möglich in die Hocke, wobei der Rumpf senkrecht und die oberen Gliedmaßen in der Frontalebene ausgerichtet bleiben. Zwei Varianten sehen vor, die Fersen auf einem Holzbrett abzustützen, um den Bedarf an Amplitude des Tibiotarsalgelenks zu verringern.	
Stand und Reichweite geändert	Bei diesem Test steht der Sportler auf einer speziellen Plattform. Ohne die Gliedmaßen zu beugen, sollte der Sportler seine Hände so nah wie möglich an den Boden bringen. Der Sportler sollte zwei Wiederholungen durchführen: ohne die Hände auf den Boden zu drücken und dann mit den Händen auf den Boden drücken.	

Im Stehen sollte der Athlet seine Fäuste ballen, wobei die Daumen nach innen zeigen. Der Sportler sollte dann beide Hände hinter seinem Rücken platzieren und versuchen, sie so nah wie möglich zusammenzubringen. Der Abstand zwischen den beiden Daumen wird gemessen.

Zusätzlich zu den Fußballtrainingseinheiten führte die Versuchsgruppe weitere Übungen durch, um die Beweglichkeit des Hüft- und Tibiotarsalgelenks in der Sagittalebene sowie die Flexibilität der Hüftbeuger, der Kniebeuger und -strecker und der Waden zu verbessern, und zwar in insgesamt 12 Sitzungen von

jeweils 10 Minuten Dauer. Jede Schulungssitzung umfasste die in Abbildung 2 genannten Übungen.

Schaubild 2 - Übungen, die eine Trainingseinheit ausmachten (Versuchsgruppe).

Der Sportler stützt sich mit den Händen an einer Wand ab, um die Bewegung auszubalancieren, und setzt einen Fuß nahe an die Mobility-Wand und den anderen weiter hinten. Während die Ferse des Fußgelenks stets den Boden berührt, versucht der Sportler, das weiter vorne liegende Knie in einer gleichmäßigen und kontrollierten Bewegung nach vorne und hinten zu bringen.

Der Athlet sitzt auf dem Boden, während eine der MIs ruht. Der andere MI sollte nach links und rechts balancieren Mobilität, suchen, dass die äußere und innere Hüfte des Knies den Boden berühren. Die Hände können das Knie ein wenig weiter nach innen oder außen drücken.

Der Sportler befindet sich in einer sinkenden Position, wobei das Knie des oberen Gliedes, das am weitesten hinten liegt, den Boden berührt. Die Flexibilität drückt das Becken ein wenig nach vorne und die Beuger halten den Rumpf senkrecht. Dann heben Sie beide Hüften so weit wie möglich an und verschränken die Finger Ihrer Hände. Außerdem sollten Sie den Rumpf leicht in Richtung der Seite des unteren Gliedes beugen, die vor Ihnen liegt.

Flexibilität   Mit gestreckten Gliedmaßen stehend, beugt der Sportler den Rumpf

auf den ICMs und versuchen, die Hände so nah wie möglich an die

ischiotibiale vom Boden aus möglich.

Beweglichkeit Im Stehen beugt der Sportler eines der Knie und stellt den Fuß in die Nähe des Gesäßmuskels. Mit einer Hand sollte der Sportler den Fuß des Quadrizeps zum Gesäß ziehen und dabei das Gleichgewicht halten.

In dieser Studie wurden zwei Stative, zwei Kameras, ein 3 cm dickes Holzbrett, eine PVC-Stange mit einer Länge von 1,20 m und einem Durchmesser von 3 cm, eine spezielle Plattform zur Durchführung des modifizierten *Stand- und Reach-Tests, ein* Maßband, ein Tisch, eine schwedische Bank und spezielle Bögen für die Bewertung der Sportler verwendet.

Die Leistung der Athleten wurde mit 0 (kein Anheben des Oberschenkels oder des Beins) oder 1 (Anheben des Oberschenkels oder des Beins) kodiert, wobei die Ergebnisse, die näher an 0 liegen, positiver sind.

Es gibt eine leichte Verbesserung in der Versuchsgruppe hinsichtlich des Anhebens des linken Beins (Z = -1,73; p = 0,083), was darauf hindeutet, dass die in der Versuchsgruppe durchgeführte Intervention positive Auswirkungen auf die Flexibilität der Streckmuskeln des Knies gehabt haben könnte.

Tabelle 3 - Deskriptive und vergleichende statistische **Analyse der** Leistungen im Thomas-Test.

Thomas-Test (Oberschenkel- und Beinheben)

	Kontrollgruppe Gruppe				Experimentelle			
	1. Mutter.	2. Moment.	Z	P	1. Mutter.	2. Moment.	Z	P
Linker Oberschenk el heben	0,21±0,43	0,07±0,27	-1,41	0,15 7	0,14±0,367	0,07±0,267	-1,00	0,317
Linkes Bein heben	0,57±0,51	0,5±0,52	-1,00	0,31 7	0,5±0,52	0,29±0,47	-1,73	0,083
Rechten Oberschenk el anheben	0,29±0,47	0,14±0,36	-1,41	0,15 7	0,07±0,27	0±0	-1,00	0,317
Rechtes Bein anheben	0,5±0,52	0,5±0,52	0	1	0,5±0,52	0,43±0,51	-0,58	0,564

Beide Gruppen zeigen im zweiten Bewertungszeitpunkt positivere Ergebnisse, was möglicherweise auf die häufige Durchführung statischer Dehnungen während der Trainingseinheiten der Mannschaft zurückzuführen ist.

Tabelle 4 - Deskriptive und vergleichende statistische **Analyse der** Leistung beim MI Lift.

	Beinheben							
	Kontrollgruppe				Experimentelle Gruppe			
	1. Mutter.	2. Moment.	Z	P	1. Mutter.	2. Moment.	Z	P
MI links	1,86±0,66	1,79±0,58	-0,58	0,564	2,29±0,733	1,93±0,8	-1,89	0,059
MI rechts	1,93±0,73	2±0,78	-1,00	0,317	2,14±0,73	2,07±0,73	-1,00	0,317

Die Leistung der Athleten bei der MI-Lift-Übung wurde mit 1, 2 oder 3 kodiert, wobei eine höhere Punktzahl ein positiveres Ergebnis anzeigt. Trotz des Trainingsprogramms, das in der experimentellen Gruppe angewandt wurde, zeigt sie eine schlechtere Leistung im zweiten Moment der Bewertung ($Z = -1,89$; $p = 0,059$).

Tabelle 5 - Deskriptive und vergleichende statistische **Analyse der** Leistung in der einbeinigen Hocke.

		Einbeinige Kniebeuge							
		Kontrollgruppe				Experimentelle Gruppe			
		12 Mama.	22 Mama.	Zp		12 Mama.	22 Mama.	Zp	
	Knie	0,71±0,47	0,79±0,43	0,00	0,564	0,79±0,43	0,71±0,50	-0,58	0,56
Rechte Seite	**Hüfte**	0,71±0,27	0,71±0,47	0,00	1,000	0,57±0,51	0,71±0,50	-1,41	0,157
	Koffer raum	0,93±0,27	0,86±0,36	-1,00	0,317	0,57±0,51	0,43±0,51	-1,41	0,15

	Knie 6	0,86±0,3	0,86±0,36	-0,58	1,000	0,64±0,50	0,57±0,51	-0,58 4	0,56
Linke Seite	Hüfte 3	0,79±0,4	0,79±0,43	0,00	1,000	0,57±0,5 1	0,86±0,36	-1,63 2	0,10
	Koffer raum 7	0,93±0,2	0,93±0,27	0,00	1,000	0,86±0,36	0,57±0,51	-2,00	0,046*

Die Daten zur Leistung der Sportler wurden wie folgt kodiert:

(i) Knie: 0 (behält die richtige Ausrichtung bei) oder 1 (verliert die Ausrichtung und dreht sich nach innen);

(ii) Hüfte: 0 (das Becken bleibt in neutraler Haltung, d. h. richtig ausgerichtet) oder 1 (das Becken verliert seine Ausrichtung, indem es sich nach vorne dreht, wodurch sich der Beckenrücken hebt und stärker hervortritt);

(iii) Rumpf: 0 (angemessene Körperhaltung, leicht gebeugt) oder 1 (verliert die Körperhaltung, zu stark gebeugt).

Es zeigt sich, dass das funktionelle Trainingsprogramm in der Versuchsgruppe zu statistisch signifikanten Verbesserungen der Rumpfaktion in der unipodalen Kniebeuge des linken MI führte (Z = -2,00; p = 0,046).

Tabelle 6 - Deskriptive und vergleichende statistische Analyse der Leistung in der Kniebeuge mit Fersenunterstützung.

Kniebeuge *(Full Squat)* mit Fersenstütze

		Kontrollgruppe			Experimentelle Gruppe			
		10Mom.	20Mom.	Zp	10Sm.	20Sm.	Zp	
MS an	Artikulation Tibiotarsal	0±0	0±0	0,00	1,000	0±0	0±0	0,00 1,000
Vorderseite	Hüfte	0±0	0±0	0,00	1,0007	0,07±0,2 0±0	-1,00	0,3 17
... c	Articulação Tibiotarsica ivio	0,07±0,1,	270±0-1, 000,317		000, 3170,07±0,	270±0-		
Overhead	Hüfte	0,43±0,51	0,29±0,47	-1.000,3170 1		,21±0,43 0,29±0,47- 000,317		.

In Abbildung 6 ist zu sehen, dass die niedrigen *Werte der* Athleten in beiden Gruppen die geringe Schwierigkeit widerspiegeln, eine Kniebeuge mit den Fersen auf einem Brett auszuführen. Es ist jedoch zu beobachten, dass die einfache Aktion, die MS über dem Kopf *(overhead) zu* halten, bereits einige Schwierigkeiten in Bezug auf die Aktion des Beckens hervorruft.

Tabelle 7 - Deskriptive und vergleichende statistische Analyse der Leistung in der Kniebeuge ohne Fersenstütze.

Kniebeuge (Full Squat) ohne Fersenstütze

	Kontrollgruppe				Experimentelle Gruppe			
	19 Mama.	29 Mama.	Zp		19 Mama.	29 Mama.	Zp	
Tibiotarsalgelenk	0,14±0,36	0,07±0,27	-1,00	0,317	0,14±0,36	0,14±0,36	0,00	1,000
Hüfte	1±0	0,93±0,27	-1,00	0,317	0,71±0,47	0,71±0,47	0,00	1,000
Schultern	0,93±0,27	0,79±0,43	-1,41	0,157	0,57±0,51	0,57±0,51	0,00	1,000

Tabelle 7 zeigt, dass alle *Werte* für das Tibiotarsal- und Hüftgelenk gestiegen sind. Trotz der Anwendung des Trainingsprogramms auf die Versuchsgruppe machte dies keinen Unterschied in der Leistung bei der Kniebeuge ohne Fersenstütze. Im Gegensatz dazu waren die Ergebnisse der Kontrollgruppe zum zweiten Bewertungszeitpunkt positiver, was darauf zurückzuführen sein könnte, dass die Ergebnisse des ersten Bewertungszeitpunkts sehr negativ waren.

Bei beiden Hockern wurden die Daten auf dieselbe Weise kodiert:

(i) Tibiotarsalgelenke: 0 (keine Anhebung der Fersen) oder 1 (Anhebung der Fersen, Verlust des Kontakts mit dem Brett oder dem Boden);

(ii) Hüfte: 0 (das Becken bleibt in neutraler Haltung, d. h. richtig ausgerichtet) oder 1 (das Becken verliert seine Ausrichtung, indem es sich nach vorne dreht, wodurch sich der Beckenrücken hebt und stärker hervortritt);

(iii) Schultern: 0 (sie bewegen sich nicht vorwärts und behalten die Ausrichtung mit dem Rumpf bei) oder 1 (die Schultern bewegen sich in der Sagittalebene vorwärts und verlieren die Ausrichtung mit dem Rumpf).

Tabelle 8 - Deskriptive und vergleichende statistische Analyse der Leistung im modifizierten *Stand und in der Reichweite*.

Modifizierter *Stand und Reichweite*

	Kontrollgruppe				Experimentelle Gruppe			
	12 Mutter.	22 Mutter.	t	P	12 Mutter.	22 Mutter.	t	P
Ohne Zwang	13,57±7,78	14,50±7,29	-0,70	0,498	14,71±6,81	15,29±6,91	-0,49	0,635
Forcieren	21,14±5,26	21,86±4,91	-1,59	0,136	22,07±5,02	23,57±3	-2,54	0,025*

Die Leistung der Spieler wird in Zentimetern gemessen. Es ist möglich, die Existenz von signifikanten Verbesserungen in der experimentellen Gruppe im zweiten Moment des Tests zu bestätigen, wenn die Athleten versuchen, die Annäherung der Hände an den Boden zu erzwingen (t = -2,54; p = 0,025). In der Tat liegen die Ergebnisse der Versuchsgruppe im zweiten Moment sehr nahe am maximal möglichen Wert (25 cm). Beide Gruppen erzielten bei der zweiten Auswertung positivere Ergebnisse, was wahrscheinlich auf die Durchführung von statischen Dehnübungen für die Kniebeuger und die Lendenwirbelsäule während der Trainingseinheiten der U19-Mannschaft zurückzuführen ist. Die Anwendung des funktionellen Trainingsprogramms könnte jedoch zu größeren Verbesserungen in der Versuchsgruppe geführt haben.

Tabelle 9 - Deskriptive und vergleichende statistische **Analyse der** Leistung im Schulterbeweglichkeitstest.

	Beweglichkeit der Schultern							
	Kontrollgruppe				**Experimentelle Gruppe**			
	12 Mutter.	**22 Mutter.**	**t**	**P**	**12 Mutter.**	**22 Mutter.**	**t**	**P**
Links von oben	14,21±8,96	14,14±7,92	**0,09**	**0,930**	15,07±8,192	15,86±8,0	**-0,59**	**0,569**
Rechts oben	11,57±8,86	11,36±8,09	**0,32**	**0,752**	13,93±8,047	13,86±6,6	**0,06**	**0,956**

Bei diesem letzten Test gab es keine signifikanten Verbesserungen zwischen den Bewertungszeitpunkten. Dieses Ergebnis war zu erwarten, da keine der Übungen im Programm der Versuchsgruppe auf die Beweglichkeit des Schultergelenks ausgerichtet war.

Im Allgemeinen erzielten beide Gruppen bei den verschiedenen Übungen, die im Bewertungsprotokoll enthalten waren, Zwischenergebnisse. Das Trainingsprogramm für die Versuchsgruppe führte zu zwei signifikanten Verbesserungen. Einige Athleten konnten ihre Rumpfaktion (Aufrechterhaltung einer adäquaten Haltung) in der unipodalen Hocke mit der linken MI verbessern, was darauf schließen lässt, dass das Trainingsprogramm zu einer Verbesserung der Beweglichkeit des Tibiotarsalgelenks und der Hüfte geführt haben könnte (trotz der negativeren Ergebnisse zum zweiten Bewertungszeitpunkt), was wiederum die Funktion der Lendenwirbelsäule verbesserte. Andererseits zeigten mehrere Athleten in der Versuchsgruppe eine bessere Leistung im zweiten Moment der

Auswertung des modifizierten *Stand- und Reach-Tests,* so dass die angewandte Intervention positive Auswirkungen auf die Flexibilität der hinteren Oberschenkelmuskeln und der Lendenregion gehabt haben könnte.

Bibliographie:

Boyle, M. (2010). *Fortschritte im funktionellen Training: Trainingstechniken für Trainer, Personal Trainer und Athleten.* Kalifornien, USA: On Target Publications.

Meister César Fonseca

Professor Filipe Casanova

Visuelles Erkundungsverhalten als Schlüsselindikator für

Entscheidungsfindung (Teil eins)

Fußball wird als "Königssport" bezeichnet, da er die beliebteste Sportart der Welt ist, wie die 265 Millionen Aktiven und die mehr als 3 Milliarden Zuschauer, die die Fußballweltmeisterschaft in Südafrika verfolgten, belegen (Casanova, 2012). Sie ist heute eine der wettbewerbsintensivsten Sportarten, und es wird immer schwieriger, Spitzenleistungen zu erreichen, da die Anforderungen im Wettbewerb immer weiter steigen. Unter Portugal ist auch die Sportart, die die Massen am meisten bewegt und Kinder zum Träumen bringt, denn wir haben hervorragende Beispiele von Sportlern, die die Spitze des Weltfußballs erreicht haben, wie Eusébio, Luís Figo oder in jüngerer Zeit (und eindeutig der medienfreundlichste) Cristiano Ronaldo.

Das Fußballspiel stellt den Spieler vor allem vor ein taktisches Problem, denn die Intentionalität seiner Handlungen wird durch die spezifischen taktischen Ziele in der konkreten Spielsituation bestimmt (Tavares et al., 2006). Alle von den Spielern angewandten Verfahren zielen darauf ab, den Widerstand des gegnerischen Spielers oder der gegnerischen Mannschaft zu überwinden. Sie stützen sich auf das vom Trainer vorgegebene Spielmodell, um zu entscheiden, "was zu tun ist", und setzen ihre technischen Fähigkeiten ein, um die Aktion auszuführen. Die Taktik nimmt eine Plastizität an und passt sich den Bedingungen des Spiels an, in dem Handlung und Entscheidung untrennbar miteinander verbunden sind (Araújo, 2005).

Es reicht nicht aus, dass der Sportler über beachtliche technische Fähigkeiten verfügt. Die Fähigkeit, Entscheidungen zu treffen, ist für ihren Erfolg von grundlegender Bedeutung, damit sie unabhängig vom Kontext die bestmöglichen Maßnahmen ergreifen können. Es ist unmöglich zu bestimmen, was als Nächstes passiert, da das Fußballspiel aufgrund der großen Anzahl von Spielern, der Größe des Spielfelds und der Länge der Spielzeit äußerst unvorhersehbar und zufällig ist (Pinto, 1997; Costa et al., 2002).

Zeit und Raum sind zwei grundlegende Faktoren im Fußball (Lobo, 2007). Der taktische Aspekt des Spiels entwickelt sich immer weiter, die Dynamik der Mannschaften nimmt zu, die Verteidigungen stehen immer kompakter und der Druck auf den Ball wird immer größer. Der Erfolg der Spieler hängt von ihrer Fähigkeit ab, Situationen einzuschätzen und

9

entsprechend dieser Einschätzung zu entscheiden, indem sie die beste Lösung für den ihnen präsentierten Kontext und die Anforderungen des Augenblicks wählen (Campos, 2008). Um eine korrekte Entscheidung zu treffen, muss der Sportler über ein hohes taktisches Wissen über das Spiel und auch über eine hohe wahrnehmungskognitive Fähigkeit verfügen, d. h. über die Fähigkeit, Informationen aus der Umgebung zu identifizieren und zu erfassen und sie mit dem bereits vorhandenen Wissen in Beziehung zu setzen, damit die bestmögliche Reaktion ausgewählt und ausgeführt werden kann (Casanova, 2012; S. 45).

Informationen bei einem Fußballspiel

Während eines Fußballspiels nehmen die Spieler ständig Informationen auf, sei es durch Sehen oder Hören. Sie sammeln Informationen von zahlreichen Punkten, wie dem Ball, den Mitspielern, den Gegnern, der räumlichen Positionierung (Tavares, 1997), und sind gezwungen, auf diese Informationen schnell und mit großen zeitlichen und räumlichen Einschränkungen zu reagieren (Casanova, 2012). Sie müssen alle Informationen, die sie erhalten, filtern und sich auf das konzentrieren, was zu einem bestimmten Zeitpunkt am wichtigsten ist. In einer Studie, die in der englischen Premier League durchgeführt wurde, kam man zu dem Schluss, dass Spitzenspieler ihre Umgebung häufiger erkunden als andere. Kurz gesagt, sie sind ständig auf der Suche nach Informationen, die für sie nützlich sein könnten, sei es von ihren Mitspielern, ihren Gegnern oder der Position des Balles. Die Identifizierung des Reizes ermöglicht es uns, ihn zu erkennen und unsere Reaktion darauf hervorzurufen.

Ein effizienter und effektiver Spieler ist ein Spieler, der auf einen gegebenen Stimulus schnell reagieren und ihn trotz bestehender Schwierigkeiten mit maximaler Genauigkeit ausführen kann (Tavares et al., 2006). In vielen Kontexten hat der Spieler keine Zeit, über die verschiedenen Möglichkeiten nachzudenken, er muss die Situation lesen und auf der Grundlage des vorhandenen Wissens in seinem Gedächtnis über die Verarbeitung der gesammelten Informationen entscheiden (Casanova, 2012). Im Fußball ist die bewusste Reflexion zweitrangig (Araújo, 2005), da der Spieler nicht die Zeit hat, über alle gesammelten Informationen nachzudenken und sie zu verarbeiten. Unser Gedächtnis ermöglicht es uns, aktuelle Probleme mit Situationen zu lösen, die in der Vergangenheit stattgefunden haben. Viele Entscheidungen von Spielern beruhen auf einer wahrnehmungsbezogenen *Abstimmung* (auch Intuition genannt), die als Grundlage für taktisches Handeln gilt (Araújo & Passos, 2008). Wenn wir mit einem bestimmten Verfahren in einem bestimmten Kontext erfolgreich waren, haben wir in der Zukunft in demselben (oder einem ähnlichen) Kontext ein Erfolgserlebnis, das uns dazu veranlasst, uns für dasselbe Verfahren zu entscheiden (Silva, 2008).

Durch das Aufnehmen und Verarbeiten von Informationen kann der Spieler vorhersehen, was als Nächstes passieren wird. In den meisten Situationen kann der Spieler die Absichten und Bewegungen des Gegners erraten. Es ist äußerst kompliziert vorherzusagen, was die anderen tun werden, wenn man die Zwänge des Spiels, seine Geschwindigkeit und die Variation der Situationen bedenkt. Es ist wichtig zu wissen, wann und wo man hinschauen muss, aber das visuelle Angebot ist riesig und enthält zu viele Informationen (Casanova, 2012). Die Antizipation bezieht sich nicht nur auf das Handeln der anderen, sondern auch auf das Handeln selbst, das ebenfalls Folgen haben wird.

Entscheidungsfindung

"Es reicht nicht mehr aus, eine gute körperliche Verfassung oder große technische Fähigkeiten zu haben, die Entscheidungen, die der Einzelne im Laufe des Spiels trifft, haben einen transzendenten Einfluss auf das Endergebnis, und es sind diese Entscheidungen, die dazu führen, dass man sich durchsetzt oder vor den Gegnern unterliegt" (Araújo, 2005; S. 100)

Jedes Fußballspiel ist extrem unberechenbar. Die technischen Teams erstellen einen Plan für den Wettbewerb, aber in jeder Situation ist es notwendig, das gesamte Umfeld der Spieler zu berücksichtigen. Im Spitzenfußball müssen die Spieler ihre Aktionen ständig und in Echtzeit an die verschiedenen Spielsituationen anpassen. Xavi, ein Profifußballer, der sich beim FC Barcelona und in der spanischen Nationalmannschaft einen Namen gemacht hat, sagt, dass der Unterschied zwischen den Spielern von Barça und denen anderer Vereine darin besteht, dass erstere schneller denken, sie denken schon, bevor der Ball vor ihre Füße kommt; dazu werden sie schon in der Jugend des Vereins ermutigt. Um dies zu erreichen, muss der Sportler nach externen Indikatoren suchen, die ihm zeigen, welchen Weg er einschlagen soll.

Die visuelle Erkundungsaktivität wird definiert als die Nacken- und Kopfbewegungen vor der Ballannahme, die der Suche nach Informationen dienen, d. h. nach der Position und den möglichen Bewegungen von Mit- und Gegenspielern. Während eines Fußballspiels ist es ganz natürlich, dass die Spieler, die sich in der Mittel- und Angriffszone befinden (Mittelfeldspieler und Stürmer), mehr Druck ausgesetzt sind als die Verteidiger, da sie auch mehr

Aktionen in der Nähe des gegnerischen Tors haben. Um erfolgreich zu sein, müssen sie die Position und die Bewegungen ihrer Mitspieler und Gegner kennen, bevor sie entscheiden, was sie mit dem Ball machen. Die Entscheidung hängt immer davon ab, was der Kontext zulässt.

Es gibt jedoch zahlreiche Möglichkeiten, die Aufmerksamkeit, die Erkundung und die Informationsaufnahme der Sportler während des Spiels zu schulen und zu verbessern (Jordet, 2005). Die Handlung sollte vorausschauend sein, d. h. der Spieler sollte zunächst Informationen sammeln und diese dann direkt nutzen, um eine richtige Entscheidung zu treffen. Die Entscheidungsfindung ist ein kontinuierlicher und aktiver Prozess der Suche nach Informationen in einem Kontext, in dem der Moment sofortiges Handeln erfordert (Greco, 2008). Sie wird definiert als der Prozess der Auswahl und Ausführung einer geeigneten motorischen Reaktion aus mehreren Handlungsmöglichkeiten (Williams und Ward, 2007; Casanova, 2012).

Fußball erfordert schnelle Entscheidungen in einem komplexen und variablen Umfeld. Die Spielsituationen verändern sich ständig aufgrund der Beziehungsdynamik und der Art der Kooperation und Opposition zwischen den verschiedenen Akteuren. Die Entwicklung des Spiels hat dazu geführt, dass der Spieler heutzutage immer weniger Zeit zum Nachdenken und Entscheiden hat, was er mit dem Ball machen soll. Die aktuelle Geschwindigkeit des Spiels erfordert eine präzise, aber auch schnelle Entscheidungsfindung. Während des Spiels sollte der Spieler in der Lage sein, die wesentlichen Informationen, die "angeboten" werden, zu entnehmen, die Aspekte des Spiels zu erkennen und die Aktionen des Gegners erfolgreich zu antizipieren. Diese Fähigkeit, den Gegner zu lesen, ist entscheidend für die Leistung (Casanova, 2012).

Wie sollte die Entscheidungsfindung trainiert werden?

"...herausragende Fußballer unterscheiden sich von anderen dadurch, dass sie über eine hohe Fähigkeit verfügen, die Signale des Engagements wahrzunehmen, sie zu interpretieren und das 'Was' mit dem 'Wann' und 'Wie' zu verbinden." (Casanova, 2012; S. 2)

Die Leistung eines Spielers im Wettbewerb ist ein Spiegelbild seiner Leistung im Training, daher ist der Trainingsprozess für die Entwicklung eines Spielers von grundlegender Bedeutung. Die Trainer sollten das Training mit dem Ziel planen, die Mannschaft als Ganzes, aber auch jeden einzelnen Spieler weiterzuentwickeln. Beim Entscheidungstraining geht es darum, das Spielverständnis und die Entscheidungsfindung der Spieler durch die gesammelten Informationen zu verbessern. Auf diese Weise sollen sie ein Bewusstsein für die Bewegungen ihrer Mit- und Gegenspieler entwickeln und ihre Entscheidungs- und Ausführungsgeschwindigkeit erhöhen (Araújo, 2005).

Entscheidungstraining ist unerlässlich, um autonome Sportler zu schaffen, die selbständig denken und die besten Entscheidungen treffen. Der Forscher Vickers (2003), Begründer des Entscheidungstrainings, weist darauf hin, dass das Training der Entscheidungsfähigkeit und nicht nur der anderen Komponenten von grundlegender Bedeutung für eine bessere Leistung ist. Auf diese Weise verfügen sie über das notwendige Rüstzeug, um die verschiedenen Situationen, die sich während des Spiels ergeben, zu meistern. Gleichzeitig ist es wichtig, dass die Athleten Teil des Trainings sind und verstehen wollen, warum der Trainer eine bestimmte Übung geplant hat; sie sollten sich nicht immer auf sein Feedback verlassen.

Bevor der Trainer seine Meinung abgibt, sollte er den Athleten fragen, was er selbst sieht, um zu verstehen, ob er sich seines Handelns bewusst ist und ob er es hätte besser machen können oder nicht. Die Spieler müssen mit dem Kontext und den Entscheidungen interagieren, die sich aus den Problemen ergeben, die die Situation aufwirft. Die Prozesse der Informationswahrnehmung und der Bewegungsproduktion sollten im Training von Trainern nicht getrennt werden (Araújo, 2005). Die Spieler sollten diese Art von Training unter Bedingungen durchführen, die den Wettkampfbedingungen sehr ähnlich sind, da die Simulation eine gute Möglichkeit ist, die Entscheidungsfindung zu verbessern (Lehrer, 2010). Der Trainer hat die Pflicht, die Trainingsübungen gemäß den festgelegten Zielen zu organisieren, um den Spielern die Möglichkeit zu geben, ihre eigenen Lösungen zu entdecken und zu erforschen (Araújo, 2005).

Heutzutage kann Decisional Training den Unterschied zwischen dem Erreichen des Halbfinales und dem Gewinn eines Wettbewerbs ausmachen. Bei dieser Art von Training ist die Komplexität der Übungen zu Beginn der Saison höher als bei anderen traditionellen Methoden, so dass die Leistung der Athleten nicht so positiv ausfallen wird. Es wird jedoch erwartet, dass die Spielerinnen und Spieler motivierter und besser vorbereitet sind, um die Herausforderungen im Wettbewerb zu meistern. Der Trainer sollte die Spieler nicht unter Druck setzen oder ihnen Angst machen, Fehler zu machen, sondern sie motivieren und ihnen Freude am Spiel vermitteln, denn diese gute Stimmung macht sie kreativer (Lehrer, 2010).

Meistens sind die Spieler sehr abhängig vom Trainer, so dass es recht schwierig ist, ihnen die Vorteile des Entscheidungstrainings und die großen Vorteile der Selbstständigkeit zu erklären. Aber das ist auch die Aufgabe des Trainers, den besten Weg zu finden, um es den Sportlern zu vermitteln.

Literaturverzeichnis

Araújo, D. (2005). Der Entscheidungskontext - Taktisches Handeln im Sport. Visionen und Kontexte

Casanova, F. (2012). A Propósito da Importância da Excelência Decisional do Futebolista. In J. Ferraz (Eds). *Meister im Fußball: Zusammenstellung der besten Texte der großen Referenzen des nationalen Fußballs* (S.171-172). 1a edição. Treino Científico: A Revista dos Profissionais.

Casanova, F. (2012). Wahrnehmungs-Kognitions-Verhalten bei Fußballspielern: Reaktion auf längeres intermittierendes Training. Dissertação de Doutoramento em Ciências do Desporto apresentado à Faculdade de Desporto, da Universidade do Porto.

Fonseca, H. (2006). Futebol de rua, um fenómeno em vias de extinção? Contributos e implicações para a aprendizagem dojogo. Universidade do Porto, Faculdade de Desporto.

Greco, P. (2008). Technisch-taktisches Wissen: Das Pendelmodell des Verhaltens und des taktischen Handelns im Mannschaftssport. *Revista Brasileira de Psicologia do Esporte e do Exercício, 0, 107-129*

Jordet, G. (2005). Wahrnehmungsschulung im Fußball: An Imagery Intervention Study with Elite Players, Journal ofApplied Sport Psychology, 17 (2), 140 - 156.

Jordet, G., Bloomfield, & J. Heijmerikx, J. (2013). Die versteckte Grundlage auf dem Feld visión in der englischen Premier League (EPL) Fußballspieler. In [7th] Annual Mit Sloan Sports Analytics Conference. Boston Convention and Exhibition Center.

Lehrer, J. (2010). Wie wir entscheiden. Papiermond.

Teixeira, A. (2007). A importância da criatividade no Futebol actual - Ideias, conceitos e consequências para a formação dejogadores. Universidade do Porto, Faculdade de Desporto.

Vickers, J. (2003). Decisión Training: Ein innovativer Ansatz für das Coaching. *Kanadische Zeitschrift für Frauen im Coaching, 3* (3), 1496-1539.

Williams, A. M., & Ward, P. (2007). Wahrnehmungskognitive Kompetenz im Sport: Erkundung neuer Horizonte. In G. Tenenbaum & R. C. Eklund (Eds.), *Handbook of sport psychology* (pp. 203-223). New York: Wiley.

Meister César Fonseca

Professor Filipe Casanova

Das EXPLORATIVE SEHVERHALTEN ALS SCHLÜSSELINDIKATOR FÜR DIE ENTSCHEIDUNGSFINDUNG (TEIL II)

Um das visuelle Erkundungsverhalten der Athleten der Mannschaft X, die die Angreifer sind, vor dem Hintergrund der Spielkonzeption der Mannschaft zu verstehen, wurden einige Spiele gefilmt, wobei besonderes Augenmerk darauf gelegt wurde, wenn sich der Ball in der Nähe ihrer Aktionszone befand. Nach der Sammlung und Analyse der Bilder wurden die notwendigen Informationen für diese Studie zusammengestellt und die wesentlichen Fragen beantwortet (siehe Teil I).

Alle Spiele hatten eine Dauer von 70 Minuten, aber natürlich haben sie alle einen unterschiedlichen Kontext, weil auch der Gegner variierte und jede Mannschaft ihr eigenes Spiel und damit ihre eigenen Stärken und Schwächen hat. Die beiden beobachteten Athleten gehörten zur U-15-Mannschaft X, die die nationale Meisterschaft der C-Junioren bestritt und die zweite Phase des Wettkampfs erreichte. Die X-Mannschaft bestand ausschließlich aus U14-Spielern (Jahrgang 2003), aber wegen der Gefahr des Abstiegs in der letzten Phase der Meisterschaft (was den Interessen des Vereins im Hinblick auf das Zukunftsprojekt völlig zuwiderlief), wurde diese Mannschaft mit Spielern des Jahrgangs 2002 zusammengestellt (die natürlich und im Allgemeinen mehr Qualität und Spielerfahrung hatten als die Spieler des Jahrgangs 2003). An den letzten Spieltagen der 1. Bezirksliga trat die Mannschaft X mit Spielern der A-Mannschaft an, weshalb die beiden oben genannten Sportler offizielle Spiele in zwei verschiedenen Wettbewerben bestritten.

Es wurde das Verhalten der Athleten in den 5 Sekunden vor der Ballannahme beobachtet, um zu verstehen, ob sie nach externen Hinweisen suchen oder nicht. Zweitens wurden bei der Betrachtung der Spielvideos nur die Situationen gezählt, in denen es den Extremen gelang, den Ball minimal zu kontrollieren. Daher wurden Situationen, in denen der Ball mit den Gegnern umstritten war, oder Situationen, in denen die Pässe der Teamkollegen zu den Extremen nicht gut ausgeführt wurden, was ihre Aufgabe von Anfang an erschwerte, sofort ausgeschlossen.

1.1. **Erster Moment der Bewertung**

Das erste Spiel, das beobachtet wurde, war gegen die Mannschaft Y, wo die U-15-Mannschaft X als Gast auf dem Spielfeld Horácio Azevedo Campos in Adaúfe (Braga) spielte und mit 0:4 verlor, in einem Spiel, das zur 10. Runde der 2. In diesem Spiel hatte Mannschaft X große Schwierigkeiten, ihre Spielidee in die Tat umzusetzen und hatte einen deutlich geringeren Ballbesitzanteil als der Gegner. Die Mannschaft stand nicht kompakt, und die Verbindung zwischen Mittelfeld und Angriff wurde nicht erfolgreich hergestellt, so dass der Ball nur selten in die Spitze gelangte, und wenn, dann meist durch lange Pässe. Trotzdem war keiner der Außenverteidiger von Team Y (in der "taktischen Anpassung" der Teams kreuzten sich die Außenverteidiger direkt mit den Außenverteidigern von Team X) sehr eng gedeckt, so dass beide Außenverteidiger etwas Platz und Zeit hatten, um zu entscheiden, was sie mit dem Ball machen wollten, und es meistens schafften, zwei oder drei Berührungen zu spielen, bevor sie vom direkten Markierer unter Druck gesetzt wurden. Spieler 1 stand in der Startelf und spielte die vollen 70 Minuten, während der andere in der Startelf stand, aber zur Halbzeit ausgewechselt wurde und nur 35 Minuten auf dem Spielfeld war. Das schlechte Zusammenspiel der Mannschaft spiegelte sich darin wider, wie oft diese Spieler die Gelegenheit hatten, aktiv in das Spiel einzugreifen. Während dieses Spiels wurden 30 Aktionen von Spieler 1 und 13 Aktionen von Spieler 2 analysiert. Bei ersterem wurde ein exploratives Sehverhalten nur in 5 der 30 gezählten Aktionen beobachtet, während Spieler 2 nur in 3 der 13 Fälle, in denen er den Ball kontrolliert erhielt, nach externen Referenzen suchte. Bei den 5 Aktionen, bei denen Spieler 1 ein vorheriges exploratives Sehverhalten zeigte, traf er 4 durchsetzungsfähige Entscheidungen, während Spieler 2 in 2 der 3 festgestellten Fälle gut entschied.

Im zweiten analysierten Spiel empfing die Mannschaft X die Mannschaft Z mit einem Unentschieden von 4 Toren in einem Spiel, das zur 11. Runde der 2. Obwohl sich die Mannschaft im Vergleich zum letzten Spiel deutlich verbesserte, verbrachte sie mehr Zeit damit, dem Gegner hinterherzulaufen und die Räume zu schließen, als in Ballbesitz zu sein. Im Gegensatz zum vorherigen Spiel gab es mehr Verbindung zwischen Mittelfeld und Angriff, aber gleichzeitig gab es einen viel stärkeren Druck von den Flügeln der Mannschaft Z auf die Außenpositionen der Mannschaft X, was sie zwang, viel schneller zu denken und zu entscheiden, wenn sie erfolgreich sein wollten. Etwa die Hälfte der Fälle, in denen sie unter guten Bedingungen den Ball erhielten, mussten sie mit der ersten Berührung spielen, da sie sonst den nötigen Raum für eine gute Weiterleitung verloren. Spieler 1 stand in der Startelf und spielte die vollen 70 Minuten, während Spieler 2 in der Startelf stand, aber in der 59. Minute ausgewechselt wurde. Spieler 1 hatte in 5 der 20 Fälle, in denen er den Ball in seinem Besitz hatte, ein vorheriges exploratives Sehverhalten, und ñvon diesen 5 Fällen traf er in 4 Fällen eine selbstbewusste Entscheidung. Spieler 2 erhielt nur 19 gute Pässe von seinen Mitspielern, aber nur in 4 dieser Situationen suchte er nach externen Hinweisen, bevor der Ball in seinen Besitz kam, und traf in 3 Fällen eine gute

Entscheidung.

   Die Tabellen 1 und 2 geben in knapper Form Aufschluss darüber, wie oft die Spieler 1 und 2 in den Momenten vor der Ballannahme ein exploratives Sehverhalten an den Tag legten und ob sie anschließend eine Durchsetzungsentscheidung trafen oder nicht.

Tabelle 1 - Quantitative Analyse des Auftretens bei der Suche nach externen Referenzen von **Spieler 1 in den Spielen des ersten Moments der Bewertung.**

Spiele	Visuelles Erkundungsverhalten			
	Ja		Nein	
Gegner	Durchsetzungsfähig	Nein Durchsetzungsfähig	Durchsetzungsfähig	Nein Durchsetzungsfähig
Y	4	1	13	12
Z	4	1	7	8
Insgesamt	8 (80%)	2 (20%)	20 (50%)	20 (50%)

Tabelle 2 - Quantitative Analyse des Auftretens bei der Suche nach externen Referenzen von **Spieler 2 in den Spielen des ersten Bewertungszeitpunkts.**

Spiele	Visuelles Erkundungsverhalten			
	Ja		Nein	
Gegner	Durchsetzungsfähig	Nein Durchsetzungsfähig	Durchsetzungsfähig	Nein Durchsetzungsfähig
Y	2	1	4	6

Z	3	1	7	8
Insgesamt	5 (71,4%)	2 (28,6%)	11 (44%)	14 56%)

1.2. Anwendung der Methodik der Entscheidungsschulung

"Das Training soll den Spieler darauf vorbereiten, die Probleme, die sich aus seiner Beschäftigung mit dem Spiel ergeben, selbst zu lösen, indem es systematisch an seine Entscheidungsfähigkeit appelliert." (Araújo, 2005)

Die Theorie und Methodik des Sporttrainings im Fußball hat sich im Laufe der Zeit und insbesondere in den letzten Jahren ständig weiterentwickelt. Dies ist auf die zunehmende Anerkennung und Bedeutung zurückzuführen, die dem Ausbildungsprozess zur Verbesserung der individuellen und kollektiven Leistung eines Teams beigemessen wird. Und da die Trainingsübung eines der wichtigsten Lehr-/Lernmittel ist, das dem Trainer zur Verfügung steht, ist es angebracht, über sie nachzudenken und zu versuchen, sie zu verbessern. (Castelo, 2002)

Im Fußball sollte das Spielmodell die Grundlage für die Erstellung von Trainingsübungen sein. Sie sollten die Prinzipien und Unterprinzipien des Spiels, die sich der Trainer für seine Mannschaft ausgedacht hat, hervorheben. Allerdings bedeutet "Training" nicht nur, dass eine bestimmte Übung vorgeschrieben wird. Es sollten Überlegungen zu einer Reihe von Merkmalen und wesentlichen Aspekten für eine adäquate Verordnung und Operationalisierung angestellt werden, die die Leistung der Athleten und natürlich auch die Leistung des Teams fördern. Wir können also sagen, dass die Trainingsübungen dem Trainer helfen, das Spielmodell anzuwenden und spezifische Probleme zu lösen, die von Spiel zu Spiel auftreten. Es ist jedoch bekannt, dass jeder Trainer seine eigene Trainingsmethodik hat und es nicht nur eine einzige Trainingsmethode gibt, um Erfolg zu haben.

Die Leistung eines Spielers im Wettkampf ist eine Folge der Trainingsarbeit. Der gesamte Trainingsprozess ist von zentraler Bedeutung für die Entwicklung eines Sportlers, und deshalb sollte er nicht nur für die Vorbereitung der Mannschaft, sondern auch für die individuelle Entwicklung jedes einzelnen Spielers geplant werden. Was die Entscheidungsfindung betrifft, so sollte das Training die Entwicklung eines Bewusstseins für die Bewegungen von Mitspielern und Gegnern ermöglichen, die Schwachstellen des Gegners erkennen und erforschen sowie die Geschwindigkeit der individuellen und kollektiven Entscheidungsfindung und Ausführung erhöhen. Simulationen sind ein guter Weg, um die Entscheidungsfindung zu verbessern (Lehrer, 2010). Daher sollte das Training reale Spielsituationen bieten und diese Situationen wiederholen, immer mit dem Ziel, den Spieler mit verschiedenen Lösungen für dasselbe Szenario zu befähigen. Der Trainer sollte die Übung nicht nur gestalten, sondern auch leiten, um das Potenzial des Spielers zu maximieren. Die Organisation der Aufgaben sollte an die autonome Funktionsweise des Spielers appellieren und ihn dazu bringen, die Lösungen zu entdecken, anstatt bestimmte Verhaltensweisen aufzuzwingen, um eine bessere Leistung zu erzielen, und er sollte mit einer praktischen Intervention konfrontiert werden, die es ihm ermöglicht, die Wissensstruktur des Gedächtnisses zu verbessern (Casanova, 2012).

Nach der Datenerfassung und -analyse im ersten Auswertungszeitpunkt konnte festgestellt werden, dass die Spieler selbstbewusste Entscheidungen treffen, wenn sie sich des Raumes, in dem sie sich befinden, und der Positionierung ihrer Mitspieler und Gegner bewusst sind. Wenn sie vor der Ballannahme kein visuelles Erkundungsverhalten an den Tag legen, um diese Hinweise zu suchen, treffen sie regelmäßig falsche Entscheidungen. Auf jeden Fall ist es nicht sicher, dass diese Entscheidungen nur darauf zurückzuführen sind, dass sie nicht nach bestimmten Hinweisen suchen.

Um ihr Spielniveau zu verbessern, wurden unter Berücksichtigung der erwähnten technischen und physischen Eigenschaften und der Altersgruppe einige Trainingsübungen entwickelt und später in der U15-Mannschaft angewandt, wobei der Schwerpunkt auf den rechten und linken Außenpositionen lag. Die einzige Ausnahme bildete die erste Trainingseinheit der Woche, in der die meisten Spieler, die im Spiel vom vergangenen Sonntag eingesetzt wurden, nur ein leichtes Erholungstraining absolvierten.

Abbildung 1 - Trainingsübung in der ersten Woche.

Bei der oben erwähnten Übung wurde ein Raum von 25 Metern auf einer Seite mit vier Minitoren von je 2 Metern verwendet. Zwei Teams mit je vier Sportlern stehen sich gegenüber. Ziel ist es, dass einer der beiden Spieler den Ball kontrolliert durch die Minitore (jedes Team verteidigt zwei) spielt. Die weiße Mannschaft muss die in der Saison verwendete Struktur der Verteidigungslinie beibehalten, die aus einem rechten Verteidiger, zwei Innenverteidigern und einem linken Verteidiger besteht. Die schwarze Mannschaft hingegen muss die offensive Struktur beibehalten, die aus einem der inneren Mittelfeldspieler, einem rechten und einem linken Flügelspieler sowie einem Stürmer besteht. Wenn die weiße Mannschaft den Ball hat, sollten die Flügelspieler bei der Verteidigung helfen und die Außenverteidiger am Torschuss hindern. Wenn die schwarze Mannschaft den Ball hat, sollten die Flügelspieler die verschiedenen Momente des Spiels verstehen, d.h. wann sie sich dem Mittelfeldspieler oder dem Stürmer nähern sollten, um eine Ablage zu machen, wann sie eine Durchbruchsbewegung machen sollten, um jede defensive Schwäche der gegnerischen Mannschaft auszunutzen, oder sogar wann sie im Eins-gegen-Eins gegen den Außenverteidiger gehen sollten, um ihre ganze Kreativität in die Praxis umzusetzen.

Um diese Entscheidung treffen zu können, müssen die Spieler natürlich die Position und die möglichen Bewegungen sowohl ihrer Mitspieler als auch ihrer Gegner kennen, so dass sie hier eine hervorragende Gelegenheit haben, ihr visuelles Erkundungsverhalten zu trainieren.

0

Abbildung 2 - Trainingsübung in der zweiten Woche.

Übung 2 wird als Abschlussübung eingestuft, in einer Struktur von 5 Athleten gegen 3, die abwechselnd und symmetrisch auf beiden Seiten des Feldes (links und rechts) stattfindet.

Das rote Team sollte mit der offensiven Struktur angreifen, die unser Team während des größten Teils der Saison verwendet hat, bestehend aus zwei Mittelfeldspielern, einem rechten und einem linken Flügelspieler sowie einem Stürmer. Die schwarze Mannschaft hat einen Torwart und zwei Verteidiger (Innenverteidiger oder Außenverteidiger), die immer die zentrale Zone, in der sich das Tor befindet, verteidigen. Die Dynamik der Übung ist auf der rechten und auf der linken Seite genau gleich. Der Ball wird einem der zentralen Mittelfeldspieler zugespielt, der eine Ablage mit dem Flügelspieler machen muss (der sich etwas zurückzieht, um der Markierung der Verteidiger zu entgehen) und dann einen Pass zwischen dem Minitor auf den Flügelspieler spielen muss, der zwei Berührungen (Annahme und Flanke) ausführen muss, um den Ball für einen seiner Mitspieler in die Endzone zu bringen. Der Ballträger hat drei Möglichkeiten, die er wählen kann: die Sturmspitze (Angriff auf den 1. Pfosten), den inneren Mittelfeldspieler auf der gegenüberliegenden Seite (bleibt an der Strafraumgrenze) und den Flügelspieler auf der gegenüberliegenden Seite (Angriff auf den 2. Pfosten). Die beiden Verteidiger und der Torwart haben das Ziel, die Aufgabe der angreifenden Mannschaft zu erschweren. Der Stürmer, der die Flanke schlägt, muss sich darüber im Klaren sein, dass seine Mannschaft im Zielraum zahlenmäßig im Vorteil ist, und muss daher den Mitspieler wählen, der sich in einer besseren Position befindet.

Abbildung 3 - Trainingsübung in der dritten Woche.

Bei dieser letzten Übung stehen sich auf einem 25 m großen Feld zwei Mannschaften mit je fünf Sportlern gegenüber, die 10 Pässe spielen müssen, ohne dass die gegnerische Mannschaft den Ball berührt. Alle Athleten haben völlige Bewegungsfreiheit, und keine der Mannschaften muss eine taktische Struktur einhalten. In der Anfangsphase der Übung haben die Spieler keine Beschränkungen hinsichtlich der Anzahl der Berührungen, aber danach sollten sie den Ball maximal zweimal berühren (Annahme und versuchter Pass zu einem Mitspieler), und in der Endphase sollten sie nur eine Berührung spielen, wobei der Trainer die Zeit für jede Situation kontrolliert.

Mit dieser Übung wird erwartet, dass die Spieler ihre Entscheidungsqualität in immer kürzeren Zeiträumen verbessern und gleichzeitig ihre Passqualität verfeinern. Wenn die Anzahl der Berührungen auf zwei oder eine beschränkt ist, müssen die Spieler in kürzerer Zeit eine sichere Passlinie suchen und gleichzeitig die Position der gegnerischen Mannschaft erkennen. Von den Athleten, deren Hauptaugenmerk auf den Extremen liegt, wird erwartet, dass sie das Spiel immer besser lesen und mehr und bessere Entscheidungen treffen.

1.3. Zweiter Bewertungszeitpunkt

Nach drei Wochen der Anwendung der oben genannten Trainingsmethodik wurde der zweite Bewertungszeitpunkt eingeleitet, um festzustellen, ob es signifikante Unterschiede in der Leistung der Spieler im Vergleich zum ersten Zeitpunkt gab. Im dritten Spiel empfing die Mannschaft X die Mannschaft C in der 1. Bezirksliga des portugiesischen Fußballverbandes. Einige Athleten der U-15-Mannschaft, die am Vortag an der Landesmeisterschaft teilgenommen hatten, wurden zu einer kleinen Zusatzleistung aufgefordert.

Die B-Mannschaft belegte den 15. Tabellenplatz und brauchte dringend Punkte, um weiter um den Klassenerhalt zu kämpfen. Aus diesem Grund und aufgrund einer Entscheidung des technischen Koordinators des Vereins wurden 12 Spieler aus der A-Mannschaft in die B-Mannschaft berufen. Die Mannschaft C wies ganz andere Merkmale auf als die Mannschaften, mit denen die Mannschaft X in der nationalen Meisterschaft konfrontiert war. Sie hatten sehr eifrige Sportler, die jedes Spiel mit viel Enthusiasmus und Lebendigkeit bestritten. Im Allgemeinen besetzte die Mannschaft jedoch die Räume innerhalb des Spielfelds schlecht, so dass der Druck (obwohl er stark war) nicht immer die gewünschte Wirkung zeigte.

Team X kontrollierte das Geschehen im Mittelfeld weitgehend und setzte seine offensive Organisation ohne große Hindernisse um, was vor allem auf die bessere taktische Organisation, aber auch auf die Qualität seiner Spieler zurückzuführen war. In diesem Spiel konnten die Extremen viel in die Offensivaufgaben der Mannschaft eingreifen. Beide Spieler gehörten zur ursprünglichen Auswahl des Trainers, aber nur Spieler 2 stand das ganze Spiel über in den vier Reihen, da der erste in der 61. Minute ausgewechselt wurde. Am Ende gewann Team X mit 4:1. Während dieses Spiels wurden 31 Aktionen von Spieler 1 und 35 Aktionen von Spieler 2 analysiert.

Spieler 1 zeigte in 7 der 31 erfassten Aktionen ein exploratives Sehverhalten, während Spieler 2 nur in 8 der 35 Fälle, in denen er den Ball kontrolliert aufnahm, nach externen Referenzen suchte. In den 7 Aktionen, in denen Spieler 1 ein vorheriges exploratives visuelles Verhalten zeigte, traf er 6 durchsetzungsfähige Entscheidungen, während Spieler 2 in 6 der 8 ermittelten Fälle gut entschied.

Das letzte Spiel, das für diese Studie gefilmt wurde, gehörte ebenfalls zur 1. Bezirksliga des Fußballverbands von Porto und stand der Mannschaft X, die als Gastmannschaft antrat, die Mannschaft B gegenüber. In diesem

Spiel wurden, ähnlich wie im Spiel mit Mannschaft C, mehrere Sportler aus Mannschaft A" aufgrund ihrer höheren Spielqualität zur Mannschaft B" gerufen, mit der Aussicht, fast zwangsläufig die drei strittigen Punkte zu erhalten.

Von den 4 analysierten Spielen war dies zweifelsohne das leichteste für das junge Team X. Die Tabelle hätte relative Leichtigkeit voraussagen können, da der Gegner zu Beginn dieses Spiels den 15. und vorletzten Platz belegte. Aber Team X ließ sich nicht beirren und begann das Spiel mit einer sehr guten Dynamik, als ob es um die nationale Meisterschaft ginge. Es gelang ihnen, während der 70 Minuten ein gutes Spielniveau aufrechtzuerhalten, und sie waren die meiste Zeit in Ballbesitz. Die B-Mannschaft besetzte die Räume schlecht und übte keinen Druck auf den Ballträger aus, was dem Gegner zu viel Raum und Zeit zur Entscheidung gab. Als sie in den ersten Minuten des Spiels ein Tor kassierten, ließen sie sich entmutigen, und das Spiel wurde immer unausgeglichener, was den Spielern von Team X zugute kam, insbesondere den Extremen, die einen wichtigen Beitrag zur offensiven Organisation des Teams leisteten.

Ähnlich wie in den oben genannten Spielen wurden beide Spieler vom Cheftrainer in die Startelf berufen. Sie wurden ausgewechselt, Spieler 1 in der 63. Minute und Spieler 2 in der 55. Minute, zu einem Zeitpunkt, als das Ergebnis schon sehr hoch war und es kaum noch Zweifel gab, welche Mannschaft gewinnen würde. Team X hat mit 5:1 gewonnen. Spieler 1 hatte in 14 der 32 Fälle, in denen er den Ball in seinem Besitz hatte, ein vorheriges exploratives visuelles Verhalten, und bei diesen 14 Gelegenheiten traf er in 11 Fällen eine durchsetzungsfähige Entscheidung. Was Spieler 2 betrifft, so erhielt er 31 gute Pässe von seinen Mannschaftskameraden, und in 11 dieser Situationen suchte er nach externen Hinweisen, bevor der Ball in seinen Besitz gelangte, und traf in 10 Fällen eine gute Entscheidung.

Die Tabellen 3 und 4 geben in knapper Form Aufschluss darüber, wie oft die Spieler 1 und 2 in den Momenten vor der Ballannahme ein exploratives Sehverhalten an den Tag legten und ob sie danach eine durchsetzungsfähige Entscheidung trafen oder nicht, und zwar während der Spiele im zweiten Bewertungsmoment.

Tabelle 3 - Quantitative Analyse des Auftretens bei der Suche nach externen Referenzen von Spieler 1 in den Spielen des zweiten Bewertungszeitpunkts.

Spiele	Visuelles Erkundungsverhalten			
	Ja		Nein	
Gegner	Durchsetzungsfähig	Nein Durchsetzungsfähig	Durchsetzungsfähig	Nein Durchsetzungsfähig
C	6	1	17	7
B	11	3	11	7
Insgesamt	17 (81%)	4(19%)	28 (66,6%)	14 (33,3%)

Tabelle 4 - Quantitative Analyse des Auftretens bei der Suche nach externen Referenzen durch Spieler 2 in den Spielen des zweiten Bewertungszeitpunkts.

Spiele	Visuelles Erkundungsverhalten			
	Ja		Nein	
Gegner	Durchsetzungsfähig	Nein Durchsetzungsfähig	Durchsetzungsfähig	Nein Durchsetzungsfähig
C	6	2	19	8
B	10	1	12	8
Insgesamt	16	3 (15,8%)	31 (66%)	16 (34%)

Nach der Analyse von Tabelle 4 konnte festgestellt werden, dass beide Spieler in den Momenten vor der Ballannahme ein signifikant häufigeres exploratives Sehverhalten zeigten.

Tabelle 5 zeigt einen prozentualen Unterschied für beide Akteure.

Tabelle 5 - Vergleichswerte für die Häufigkeit des explorativen Sehverhaltens von Spieler 1 und 2.

| | Visuelles Erkundungsverhalten | | | |
| | Spieler 1 | | Spieler 2 | |
	Ja	Nein	Ja	Nein
Moment 1	10 (20%)	40 (80%)	7 (21,9%)	25 (78,1%)
Moment 2	21	42 (66,6%)	19 (28,8%)	47 (71,2%)

Diese Daten zeigen, dass die angewandte Trainingsmethodik eines der Hauptziele erfüllte, auf die sie ausgerichtet war, nämlich die Spieler zu ermutigen, regelmäßiger nach Informationen im Spiel zu suchen, insbesondere in den Momenten ¡unmittelbar vor dem Ballbesitz. Nach der Durchführung des Chi-Quadrat-Tests, der es ermöglicht, die Häufigkeit der einzelnen Spieler in den beiden Momenten zu vergleichen, haben wir folgende Ergebnisse für Spieler 1 ($x2= 3,903$; $p=0,048$) und Spieler 2 ($x2=5,538$; $p=0,019$) erhalten. Diese Werte deuten darauf hin, dass beide Spieler den Prozentsatz der Fälle, in denen sie ein exploratives visuelles Verhalten an den Tag legten, im Vergleich zu den Fällen, in denen sie dies nicht taten, vom ersten zum zweiten Bewertungszeitpunkt erhöht haben.

Als nächstes ist es wichtig zu verstehen, ob innerhalb der Gruppe von Situationen, in denen die Spieler ein exploratives visuelles Verhalten an den Tag legten, eine Zunahme von durchsetzungsfähigen Entscheidungen im Vergleich zu nicht durchsetzungsfähigen Entscheidungen vom ersten zum zweiten Moment zu verzeichnen war (siehe Tabelle 6).

Tabelle 6 - Vergleichswerte zwischen der Anzahl der durchsetzungsfähigen Entscheidungen, die Spieler 1 und 2 im ersten und zweiten Moment der Bewertung getroffen haben.

| | Entscheidungsfindung | | | |
| | Spieler 1 | | Spieler 2 | |
	Durchsetz	Nein	Durchsetzu	Nein
Moment 1	8 (80%)	2 (20%)	5 (71,4%)	2 (28,6%)
Moment 2	17 (81%)	4(19%)	16 (84,2%)	3 (15,8%)

Nach Durchführung des Chi-Quadrat-Tests, der den Vergleich der Häufigkeiten jedes einzelnen Spielers in den beiden Momenten ermöglicht, haben wir folgende Ergebnisse für Spieler 1 (x2= 3,240; p=0,072) und für Spieler 2 (x2=5,762; p=0,016) erhalten. Die Ergebnisse zeigten, dass nur bei Spieler 2 eine signifikante prozentuale Verbesserung zu verzeichnen war, während bei Spieler 1 keine statistisch signifikanten Unterschiede zwischen dem ersten und dem zweiten Bewertungszeitpunkt bestanden.

Diese Werte deuten darauf hin, dass die Konzentration auf das Entscheidungstraining einen Einfluss auf die Handlungen hatte, die von den Extremen in einem Spielkontext ausgeführt wurden. Die Entscheidungsmerkmale, die in den Trainingsübungen vorgegeben wurden, könnten zu einer Erhöhung der Erfolgsquote beigetragen haben, aber es gibt auch andere Faktoren, die zu diesen Ergebnissen beigetragen haben könnten, nämlich der unterschiedliche Kontext, in dem die beiden Bewertungszeitpunkte durchgeführt wurden.

Darüber hinaus wurden während der Analyse der Spiele, sowohl im ersten als auch im zweiten Moment, und auch während der Anwendung der Trainingsmethodik, Dialoge mit den beiden bewerteten Spielern geführt, damit sie den Zweck der Arbeit verstanden, die letztendlich für sie selbst von Nutzen sein würde. Sie zeigten stets große Begeisterung dafür, im Mittelpunkt einer so detaillierten Analyse zu stehen, was sie enorm motivierte, die angestrebten Ergebnisse zu erreichen.

Literaturverzeichnis

Araújo, D. (2005). Der Entscheidungskontext - Taktisches Handeln im Sport. Visionen und Kontexte

Casanova, F. (2012). A Propósito da Importância da Excelência Decisional do Futebolista. In J. Ferraz (Eds). *Meister im Fußball: Zusammenstellung der besten Texte der großen Referenzen des nationalen Fußballs* (S.171-172). 1a edição. Treino Científico: A Revista dos Profissionais.

Casanova, F. (2012). Wahrnehmungs-Kognitions-Verhalten bei Fußballspielern: Reaktion auf längeres intermittierendes Training. Dissertação de Doutoramento em Ciências do Desporto apresentado à Faculdade de Desporto, da Universidade do Porto.

Castelo, J. (2002). O Exercício de Treino Desportivo: A Unidade Lógica de Programação e Estruturação do Treino Desportivo. Lisboa: FMH.

Fonseca, H. (2006). Futebol de rua, um fenómeno em vias de extinção? Contributos e implicações para a aprendizagem dojogo. Universidade do Porto, Faculdade de Desporto.

Greco, P. (2008). Technisch-taktisches Wissen: Das Pendelmodell des Verhaltens und des taktischen Handelns im Mannschaftsport. *Revista*

Brasileira de Psicologia do Esporte e do Exercício, 0, 107-129

Jordet, G. (2005). Wahrnehmungsschulung im Fußball: An Imagery Intervention Study with Elite Players, Journal ofApplied Sport Psychology, 17 (2), 140 - 156.

Jordet, G., Bloomfield, & J. Heijmerikx, J. (2013). Die versteckte Grundlage auf dem Feld visión in der englischen Premier League (EPL) Fußballspieler. In [7th] Annual Mit Sloan Sports Analytics Conference. Boston Convention and Exhibition Center.

Lehrer, J. (2010). Wie wir entscheiden. Papiermond.

Teixeira, A. (2007). A importância da criatividade no Futebol actual - Ideias, conceitos e consequências para a formação dejogadores. Universidade do Porto, Faculdade de Desporto.

Vickers, J. (2003). Decisión Training: Ein innovativer Ansatz für das Coaching. *Kanadische Zeitschrift für Frauen im Coaching,* 3 (3), 1496-1539.

Meister Rui Costa

Professor Filipe Casanova

BEOBACHTUNG UND ANALYSE DES ENTSCHEIDUNGSFINDUNGSVERHALTENS VON
FUßBALLTORHÜTERN (TEIL I)

Das Fußballspiel stellt ein komplexes und sich schnell veränderndes Umfeld dar, das den Sportlern die Fähigkeit abverlangt, die Handlungen von Mit- und Gegenspielern im Verlauf ihres Verhaltens zu antizipieren (Casanova, Garganta, Silva, Oliveira, Alves & Williams, 2013).

Im Rahmen des Fußballspiels weist der Torwart aufgrund seiner spezifischen Eigenschaften Besonderheiten auf, die ihn von anderen Spielern unterscheiden. Nach Castelo (2003) genießt der Torhüter einen anderen Status als seine Mannschaftskameraden, was die Art und Weise des Ballkontakts und den Schutz seines taktischen und technischen Verhaltens betrifft, wenn er sich innerhalb seines Strafraums befindet.

"Dieser Spieler agiert also in einem dynamischen System, das von ihm komplexe Bewegungen verlangt, die an die verschiedenen Reize angepasst sind, mit denen er im Wettbewerbskontext konfrontiert wird. Er ist gezwungen, bei der Ausführung seiner Aufgaben flexible Bewegungsmuster zu zeigen, um die motorischen Probleme, denen er während eines Fußballspiels gegenübersteht, effektiv zu lösen" (Bastos & Casanova, 2016).

Auf technischer Ebene muss der Torwart grundlegende Aktionen beherrschen, wie z. B. die richtige Platzierung der Stützen und eine gute Beziehung zum Ball, sowohl mit den oberen als auch mit den unteren Gliedmaßen (Thomas, 1999).

Auf der taktischen Ebene muss der Torhüter über eine gute Kompetenz bei der Analyse von Spielsituationen verfügen, wie z. B. der Analyse von Entfernungen, der Platzierung von Mitspielern und Gegnern, der freien und besetzten Räume, der schnellen und angemessenen Entscheidung bei Ausgängen aus dem Tor, wenn dies erforderlich ist (Madeira, 2002). Thomas (1999) weist außerdem darauf hin, dass ein weiterer äußerst wichtiger Aspekt die richtige Positionierung bei der Ausführung von Ecken, Freistößen, Flanken und Elfmetern ist.

Auf psychologischer Ebene sollten sie in der Lage sein, Spannungen und Nervosität zu kontrollieren, Selbstvertrauen zu haben, sich zu konzentrieren und furchtlos zu sein (Thomas, 1999). Madeira (2002) verweist ebenfalls auf die Bedeutung einer schnellen Entscheidungsfindung und Antizipation. In Bezug auf den Charakter des Torhüters stellt derselbe Autor fest, dass Entschlossenheit, Wille, Ruhe, Autorität, Gelassenheit, Mut, Kühnheit, Festigkeit und absolute Konzentration während des Spiels erkennbar sein sollten.

In Anbetracht der obigen Ausführungen erscheint es unabdingbar, einen speziellen Trainingsplan für die Fußball-GK zu erstellen, was nicht Quantität oder Übermaß an Training bedeutet, sondern Qualität des Trainings und eine gründliche Untersuchung ihrer Leistungen in Training und Wettkampf.

Die Forschung in diesem Bereich ist äußerst wichtig, damit die Verbesserung der Leistung von Sportlern Realität wird. Je umfassender und zuverlässiger die verfügbaren Informationen sind, desto einfacher ist es, eine Planung zu erstellen, bei der das technische Training in Verbindung mit dem physischen, taktischen und psychologischen Training näher an die Realität des Wettbewerbs herankommt und folglich die Leistung des Fußball-GKs verbessert. Laut Tavares und Casanova (2013) ist es auch wichtig, dass der Trainer als Planer und Berater des sportlichen Prozesses Trainingsformen einsetzt, die die Wahrnehmungs- und kognitiven Fähigkeiten fordern, um einen guten Transfer von Trainingssituationen auf Wettkampfsituationen zu erreichen und die Leistung seiner Spieler und seines Teams zu steigern.

Nach Bastos und Casanova (2016) "kann die Wettkampfleistung der GK nur durch einen Trainingsprozess verbessert werden, der die Teilnahme an offenen Übungen vorsieht und die taktisch-technische Entscheidungsfindung fördert".

Die Aktion der Flanke im Fußball

Um den Offensivprozess besser zu rationalisieren, schlagen mehrere Autoren (Hughes, 1990; Mombaerts, 1991; Castelo, 1994) vor, dass der Transport des Spielzentrums von der Ballbesitzzone zu den vorherrschenden Abschlusszonen erfolgen sollte, um das taktische und technische Angriffsverhalten auf das gegnerische Tor zu richten. Die Entwicklung des Offensivprozesses sollte jedoch die Konzentration der gegnerischen Spieler vermeiden, was die Erkundung von Offensivräumen zur Erlangung einer numerischen und räumlichen Überlegenheit unerlässlich macht (Castelo, 1996). Nach Castelo (1992) führt der Einsatz des Spiels in der Breite und Tiefe in wichtigen Bereichen des Feldes zur Instabilität des Gegners und zur Objektivierung einer effektiven Offensivbewegung und folglich zu einem effektiven Abschluss.

Nach einer Studie von Bate (1999) geht einem Drittel aller erzielten Tore

1

eine Flanke voraus, d. h. die Weiterleitung des Balls in der Luft oder in Bodennähe durch einen Spieler, der sich in einem der Korridore des offensiven Drittels befindet, in den zentralen Korridor desselben Felddrittels.

Eine der Aktionen, die von den Spielern entwickelt wurden, um das Tor zu erreichen, ist die Flanke, d.h. eine Aktion, die von den Seitenbahnen kommt, im offensiven Mittelfeld ausgeführt wird und auf den Torraum gerichtet ist. Nach Castelo (1996) und Hughes (1990) bieten die seitlichen Gassen im Zweikampf mit Mannschaften, die im zentralen Korridor eine hohe defensive Konzentration aufweisen, hervorragende Räume, um den Ball in die Nähe des gegnerischen Tores zu befördern.

Ensum und Kollegen (2000) fanden heraus, dass bei der Euro 2000 die effektivsten Flanken nach außen und in die Nähe des ersten Pfostens und nach innen in die Nähe des zweiten Pfostens geschlagen wurden. Die meisten Tore werden jedoch durch eine Flanke erzielt, bei der der Ball in die Nähe des ersten Pfostens gespielt wird.

Die Rolle der Entscheidungsfindung beim Fußballtorwart

JDC sind durch eine Komplexität von Entscheidungen gekennzeichnet, die dem Grad der Ungewissheit und einer hohen räumlich-zeitlichen Einschränkung entspricht, da es den Spielern darum geht, in einer sich ständig bewegenden Umgebung die relevanten Informationen aus der Umgebung in enger Beziehung zu ihren Erfahrungen zu unterscheiden und die angepassten Optionen zu wählen, wobei die Daten des Kontexts, wie ihre Fähigkeiten und die des Gegners, ihre körperliche Verfassung, das Ergebnis und der Ort des Spiels berücksichtigt werden (McMorris & McGillivary, 1998).

Mit der Komplexität des Fußballs wird es schwierig, die Aktionen des Gegners und die Organisation des Spiels genau vorherzusagen und die richtigen Entscheidungen zu treffen, um sich an eine neue Wettbewerbssituation anzupassen.

Während des JDC-Trainings ist der Spieler also gezwungen, eine breite und diversifizierte Reihe von Problemen in Spielsituationen zu lösen, die im Wesentlichen taktisch-technischer Natur sind, wobei er je nach Spielkontext durch verschiedene Faktoren eingeschränkt wird.

Nach Gréhaigne und Mitarbeitern (1999) und Casanova (2012) besteht ein gutes Spiel aus der Kombination einer sachdienlichen und präzisen Auswahl und Interpretation der verschiedenen Signale und Reize der Umgebung, der Wahrnehmungskomponente, mit einer schnellen und angemessenen Wahl der Reaktion, der Entscheidungskomponente, die die

Umsetzung der taktischen und technischen Fertigkeiten ermöglicht, und der motorischen Komponente auf effektive und effiziente Weise.

Apples und Brito (2004) verweisen darauf, dass die Entscheidungsfindung eine Fähigkeit zur Beobachtung, Analyse und Interpretation voraussetzt. Für Williams und Ward (2007) ist Entscheidungsfindung definiert als die Fähigkeit, aus mehreren Handlungsmöglichkeiten eine angemessene Reaktion auf einen Stimulus auszuwählen und auszuführen.

Wie jeder Spieler auf dem Feld erhält auch der Torhüter während des Spiels Informationen, analysiert diese, trifft Entscheidungen und führt diese aus. Batista und Costa (2013) zufolge gehen alle diese Handlungen, auch wenn sie oft automatisch zu sein scheinen, über diese drei Phasen hinaus und sind das Ergebnis einer Entscheidung. Um weniger Fehler zu machen und effektiver zu handeln, muss man besser entscheiden.

Es ist bekannt, dass die Zeit des Übens und die daraus resultierende Erfahrung auch die antizipatorische Fähigkeit sowie die Auswahl bei der Sammlung und Auswahl visueller Informationen (visuelle Indikatoren) für eine effektive Entscheidungsfindung verbessern, was zu antizipatorischem (d.h. proaktivem) Handeln anstelle von reaktivem Handeln führt.

Die Entscheidungen von Spielern mit einem höheren Übungsniveau, also von erfahrenen Spielern, sind im Vergleich zu denen von Anfängern korrekter, da sie über ausgefeiltere wahrnehmungs-kognitive Prozesse verfügen (Tavares, 1993; Greco, 2004; Williams, 2009; Williams et al., 2010; Casanova, 2012).

Nach Casanova (2012) ist der Reaktionsmechanismus auf einen Stimulus in fünf Phasen unterteilt: i) Stimuluspräsentation; ii) Stimulusidentifikation; iii) Reaktionsauswahl; iv) Reaktionsprogrammierung; v) Reaktionsausführung.

Im Zusammenhang mit der Entscheidungsfindung erweist sich die Fähigkeit zur Vorhersage von Ereignissen im Sport als eines der wichtigsten Unterscheidungsmerkmale zwischen Menschen mit mehr oder weniger Erfahrung. Erfahrene Sportler sind in der Lage, mehr nützliche Informationen über die Bewegungen ihrer Gegner zu erhalten, um Entscheidungen zu treffen und Handlungen zu studieren, indem sie ein antizipatorisches Modell der Handlung verwenden (Batista & Costa, 2013).

Batista und Costa (2013) stellen fest, dass im Falle der GK die Erfahrung in der Ausbildung von Handlungen nahe an der

3

Wettbewerbsrealität wichtig ist, um rechtzeitig Entscheidungen zu treffen. Die Qualität der Entscheidungsfindung von Athleten wird durch ihr spezifisches Wissen über den Kontext beeinflusst (Hammond & Stewart, 2001).

In diesem Sinne ist die Entwicklung des Spielers nur dann gewährleistet, wenn er während der Trainingseinheiten Situationen erlebt, die mit Wettkampfproblemen einhergehen, und sich daran orientiert, seine eigenen Lösungen und Probleme zu entdecken und zu erforschen (Araújo & Volossovitch, 2005).

Schichtung der Spielplätze

Fußball ist eine der am schwierigsten quantitativ zu analysierenden Sportarten, was auf die Komplexität des Spiels und die Tatsache zurückzuführen ist, dass es einen riesigen und unterbrochenen Fluss von Aktionen während des Spiels gibt (Duch etal., 2010).

Die Forscher Sampaio und Maçãs (2012) führten eine Studie über die individuelle Leistung von Spielern in Abhängigkeit von ihrer Entfernung zum geometrischen Zentrum der Mannschaft durch und kamen zu dem Schluss, dass es möglich ist, das taktische Verhalten von Spielern anhand von Daten aus ihrer Positionsdynamik zu messen.

Die taktischen und technischen Komponenten des Fußballspiels drehen sich um das Element des Raums, d. h. das Spielfeld. Jede Offensivaktion zielt darauf ab, Raum zu schaffen und zu nutzen, und jede Defensivaktion zielt darauf ab, die Schließung von Räumen zu fördern, entweder für den Ball oder für die gegnerischen Spieler.

Für Garganta (1997) ist "der Raum vor allem ein referenzieller Denk- und Handlungsrahmen, durch den andere Handlungen entwickelt werden, die auf repräsentativen Modellen der Erfahrung des Spielers beruhen".

So verweist Garganta (1997) darauf, dass das Konzept des Raums nicht auf die Dimensionen und Markierungen auf dem Spielfeld beschränkt ist, sondern auf einen anderen Spielraum, den der Spieler konstruiert und der sich aus seiner Interaktion mit dem Ball, den Mitspielern und den Gegnern ergibt, basierend auf seiner Wahrnehmung, seinem Wissen und seinem Handeln.

Auf der Grundlage der Modelle zur Aufteilung des Spielfelds, die von mehreren Autoren wie Worthington (1974), Zerhouni (1980), Kacani (1981), Wrzos (1984), Luhtanen und Mitarbeitern (1986), Mombaerts (1991), Castelo (1992), Gréhaigne (1992) und Godik und Popov (1993) vorgestellt wurden,

4

Garganta (1997) erarbeitete ein topografisches Referenzmodell mit zwölf Zonen (C), das sich aus der Gegenüberstellung der Quereinteilung des Spielfelds in vier Sektoren (A) und der Längseinteilung in drei Korridore (B) ergibt.

Obwohl diese Raumaufteilung nicht mit den physischen Markierungen auf dem Spielfeld übereinstimmt, stellt sie einen wichtigen Bezugspunkt für die Orientierung der Spieler in Training und Wettkampf dar.

Das Spielfeld wurde dann in folgende Zonen eingeteilt: rechte Defensive (DD), zentrale Defensive (CD), linke Defensive (LE), rechtes defensives Mittelfeld (RCD), zentrales defensives Mittelfeld (CDM), linkes defensives Mittelfeld (LDC), rechtes offensives Mittelfeld (ROD), zentrales offensives Mittelfeld (COM), linkes offensives Mittelfeld (LOM), rechter Stürmer (RAD), zentraler Stürmer (CA) und linker Stürmer (LE).

Literaturverzeichnis

Araújo, D. & Volossovitch, A. (2005). Grundlagen für das Training der Entscheidungsfindung: eine Anwendung auf den Handball. Der Kontext der Entscheidung bei der taktischen Handlung im Sport (S. 75-98). Visão e Contextos edition. Lisboa.

Bastos, A., & Casanova, F. (2016). Merkmale des Fußballtorwarts und sein Leistungskontext. Treino Científico, 27, 22-26.

Bate. (1999). Die Bedeutung von Kreuzen. Fußballverband.

Batista, M., & Costa, P. (2013). Indicadores da Tomada de Decisão na Marcação da Grande Penalidade no Futebol. Escola Superior de Educação de Torres Vedras - Centro de Estudos e Formação Contínua.

Casanova, F. (2012). Wahrnehmungs-Kognitions-Verhalten bei Fußballspielern: Reaktion auf längeres intermittierendes Training. Tese de Doutoramento. Faculdade de Desporto, Universidade do Porto.

Casanova, F., Garganta, J., Silva, G., Oliveira, J., Alves, A., & Williams, A. M. (2013). Auswirkungen von längerem intermittierendem Training auf wahrnehmungs-kognitive Prozesse. Medizin und Wissenschaft in Sport und Bewegung, 1610-1617.

Castelo, J. (1992). Concetualização de um modelo técnico-tático de futebol. Identificação das grandes tendências evolutivas do jogo das equipes de rendimento superior. Tese de Doutoramento. FMH - UTL. Lisboa.

Castelo, J. (1994). Futebol - Modelo técnico-tático dojogo. FMH - UTL. Lisboa.

Castelo, J. (1996). Futebol - Die Sportorganisation des Fußballs. Ausgabe des Autors.

Castelo, J. F. F. (2003). Futebol: Sportliche und sportliche Aktivitäten.

Lisboa: FMH-UTL.

Duch, J., Waitzman, J., & Amaral, L. (2010). Quantifizierung der Leistung der einzelnen Spieler in einer Mannschaftsaktivität. PloS one, 5(6), e10937. doi: 10.1371/journal.pone.0010937.

Ensum, J., Williams, A., & Grant, A. (2000). Eine Analyse der Angriffsspielzüge in der Euro 2000. Insight- The F.A. CoachesAssociation Journal, 1(4), 36-39.

Garganta, J. (1997). Modelação tática do jogo de Futebol - estudo da organização da fase ofensiva em equipas de alto rendimento. Dissertation. FCDEF - UP.

Greco, P. (2004). Kogni(a)tion: Wissen, kognitive Prozesse und Lehr-Lern-Trainingsmodelle für die Entwicklung von (taktischer) Kreativität. Revista Portuguesa de Ciências do Desporto, 4, 56-59.

Gréhaigne, J-F., Billard, M., & Laroche, J-Y. (1999). Die Auszeichnung von Kollektivsportarten in der Schule. De Boeck Université.

Hammond, K. & Stewart, T. (2001). Der wesentliche Brunswik: Anfänge, Erklärungen, Anwendungen. New York: Oxford University Press.

Hughes, C. (1990). Die Formel für den Sieg. Collins, London.

Maçãs, V. & Brito, J. (2004). Futebol: ensinar a decidir no jogo. Revista Treino Desportivo, 25, 4-11.

Madeira, J. (2002). Die Fußballtorhüter der 1. und 2. Liga und die mentale Vorstellungskraft und Visualisierung. Master's Dissertation. Porto: FCDEF - UP.

McMorris, T., & McGillivary, W. W. (1988). Eine Untersuchung über den Zusammenhang zwischen Feldunabhängigkeit und Entscheidungsfindung im Fußball. In T. Reilly, A. Lees, K. Davids & W. J. Murphy (Eds.). Wissenschaft und Fußball (S. 552-557). London: E& FN Spon.

Mombaerts, E. (1991). Fußball - Von der Analyse des Spiels bis zur Ausbildung des Spielers. Éditions Actio France.

Sampaio, J., & Maçãs, V. (2012). Messung des taktischen Verhaltens im Fußball. Internationale Zeitschrift für Sportmedizin, 33, 1-7. doi: 10.1055/S-0031-1301320.

Tavares, F. (1993). A Capacidade de Decisão Táctica no Jogador de Basketball: estudo comparativo dos processos perceptivo-cognitivos em atletas seniores e cadetes. Dissertation, FCDEF-UP.

Tavares, F., & Casanova F. (2013). A atividade decisional do jogador nos jogos desportivos. In F. Tavares (Ed.), Jogos Desportivos Coletivos: Ensinar a Jogar (pp. 55-72). FADEUP, Porto.

Thomas, M. (1999). Torhüter: Organisation von Verteidigungsmauern um den Strafraum. Insight-The F.A. CoachesAssociationJournal, 3(2), 10-11.

Williams, A. M. (2009). Die Absichten anderer wahrnehmen: Wie beurteilen geübte Darsteller die Antizipation? In R. Markus, J. Joseph & H. Hauke (Eds.), Progress in Brain Research, vol 174, Mind and Motion: The Bidirectional Link between Thought and Action (pp. 73- 83). Die Niederlande: Elsevier.

Williams, A. M., & Ward, P. (2007). Wahrnehmungskognitive Kompetenz im Sport: Erkundung neuer Horizonte. In G. Tenenbaum & R. C. Eklund (Eds.), Handbook of sport psychology (pp.203-223). New York: Wiley.

Williams, A. M., Eccles, D., Ford, P., & Ward, P. (2010). Was sagt uns die Forschung über Fachwissen im Sport über den Erwerb von Fachwissen in verschiedenen Bereichen? Angewandte Kognitionspsychologie. Advance online publicaron, doi: 10.1002/acp. 1710.

BEOBACHTUNG UND ANALYSE DES ENTSCHEIDUNGSFINDUNGSVERHALTENS VON
FUßBALLTORHÜTERN (TEIL II)

In einem Versuch, die Bedeutung des Torwarttrainings, das sich auf Flanken konzentriert, für die Verbesserung der Entscheidungsfindung in Spielsituationen zu untersuchen, wurden 12 Spiele der Mannschaft X analysiert, die in zwei Zeitpunkte unterteilt wurden, einen Anfangs- (M1) und einen Endkampf (M2). Von den 12 analysierten Spielen waren 11 aus der portugiesischen Prio-Meisterschaft (III. portugiesische Liga) und 1 aus dem portugiesischen Pokal.

Nach der Erfassung und Analyse des Spielmaterials wurden alle Flanken, die ein Eingreifen des Torwarts erforderten, gezählt und die Aktionen des Torwarts nach zuvor festgelegten Erfolgs- und Misserfolgskriterien klassifiziert. Die vorgeschlagenen Erfolgskriterien wurden unterteilt in: i) Ballbesitz; ii) erfolgreiche Abwehraktion nach dem Schuss; iii) wirksame Ballabwehr oder Schlagabtausch; iv) erfolgreiches direktes Eingreifen des Torwarts. Die Fehlerkriterien wurden unterteilt in: i) Ballbesitz des Gegners; ii) gegnerisches Tor; i) Ablenkung des Balls oder Schlag in die Gefahrenzone; iv) Fehler beim direkten Eingreifen des Torwarts. Es ist zu beachten, dass sie entsprechend dem Profil des Torwarts in der Spielkonzeption der Mannschaft X dargestellt wurden.

1.2 Erster Moment der Beurteilung (M1)

Im heutigen Fußball beschränkt sich der Torhüter nicht nur auf die Verteidigung seines Tores, da sich seine Interaktion auf die Ebene der defensiven und offensiven Organisation und die Momente des Übergangs Angriff-Verteidigung und Verteidigung-Angriff erstreckt, wo er oft eine führende Rolle spielt (Bastos & Casanova, 2016).

Die Analysekriterien der Flanken wurden durch die offensive Zone, von der aus die Aktion begann, und die Zielzone der Flanke definiert. So wurden nur die Flanken in den Zonen MOD, AD, MOE und AE, die für den Strafraum bestimmt waren, in die Auswertung einbezogen.

Nach einer Studie von Bate (1999) geht einem Drittel aller erzielten Tore eine Flanke voraus, d. h. die Weiterleitung des Balls in der Luft oder in Bodennähe durch einen Spieler, der sich in einem der Korridore des offensiven Drittels befindet, in den zentralen Korridor desselben Felddrittels.

Tabelle 1 zeigt in knapper Form die Korridore und Zonen, die von der gegnerischen Mannschaft in den Spielen der Vorsaison am häufigsten überquert wurden. In den insgesamt 6 analysierten Spielen wurden im ersten Moment der Auswertung 22 Flanken auf der rechten Seite und 16 auf der linken Seite registriert.

Tabelle 1 - Quantitative Analyse des Auftretens von Flanken in der Korridorfunktion einer Angriffsseite zu Beginn der Saison 2016/2017.

SPIELE M1	ZONAMOD	ZONAAD	ZONAMOE	ZONAAE
1	3	3	2	2
2	0	2	0	2
3	2	1	1	0
4	0	2	1	1
5	0	4	0	4
6	1	4	0	3
ZUSAMMENFASSUNG	6	16	4	12
GESAMT	22		16	

In den Daten, die sich auf den rechten offensiven Korridor des Spielfelds beziehen, der in die Zonen MOD und AD unterteilt ist, gab es 6 bzw. 16 Kreuze. Im linken Angriffskorridor, der in die Zonen MOE und AE unterteilt ist, gab es 4 bzw. 12 Kreuze.

Ein weiterer Aspekt war die Anzahl (quantitativer Indikator) der Flanken der gegnerischen Mannschaft und die Analyse der Leistung der Torhüter in diesen Situationen in jeder Phase des Spiels. Diese Daten sind in Tabelle 2 bzw. 3 aufgeführt.

Tabelle 2 - Quantitative Analyse der Flanken der gegnerischen Mannschaft in der 1. und 2. Halbzeit der Spiele zu Beginn der Saison 2016/2017.

GAMES_M1	TEIL 1	2. TEIL	GESAMT
1	3	7	10
2	3	1	4
3	2	2	4
4	4	0	4
5	3	5	8
6	3	5	8
GESAMT	18	20	38
% GESAMT	47,4%	52,6%	100%

In allen sechs analysierten Spielen konnte festgestellt werden, dass in der zweiten Halbzeit mehr Flanken geschlagen wurden als in der ersten Halbzeit. In den insgesamt sechs Spielen und von den 38 erfassten Überquerungssituationen wurden 20 in der zweiten Halbzeit ausgeführt, während die restlichen 18 in der ersten Halbzeit stattfanden, was einen Prozentsatz von 52,6 % bzw. 47,4 % ergibt.

Tabelle 3 - Quantitative Analyse der Leistung der Torhüter in Flanken-Situationen in der 1. und 2.

	ERFOLG
1. TEIL %	126
INSGESAMT	66,7%33 ,3%
2. TEIL %	911
INSGESAMT	45,0%55 ,0%

Was die Leistung der Torhüter bei Flanken in beiden Spielhälften betrifft, so war die Erfolgsquote in der ersten Halbzeit höher als in der zweiten Halbzeit. In den ersten 45 Minuten lag die Erfolgsquote bei 66,7 % und die Misserfolgsquote bei 33,3 %. In der zweiten Spielhälfte lag die Erfolgsquote bei 45,0 % und die Misserfolgsquote bei 55,0 %.

Tabelle 4 und die Abbildungen 1 und 2 zeigen die quantitativen und prozentualen Werte der Analyse der GR-Leistung in Crossover-Situationen zum ersten Zeitpunkt der Bewertung.

Tabelle 4 - Quantitative Analyse der Leistung der Torhüter in Flanken-Situationen zu Beginn der Saison 2016/2017.

	EPOCHALE ANFÄNGE	
	S	I
MOD	2	4
AD	9	7
EOM	2	2
AE	8	4
GESAMT	21	17
% GESAMT	55,3%	44,7%

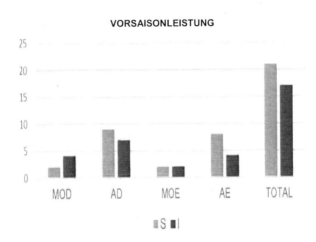

Abbildung 1 - Grafische Darstellung der Leistung der Torhüter in Flanken-Situationen zu Beginn der Saison 2016/2017.

2

% DESEMPENHO INÍCIO DA ÉPOCA

S ■ I

Abbildung 2 - Grafische Darstellung der prozentualen Leistung von Torhütern in Flanken-Situationen zu Beginn der Saison 2016/2017. s der Analyse

Aus den Ergebnissen geht hervor, dass es in den sechs Spielen zu Beginn der Saison insgesamt 38 Situationen mit Flanken gab, wobei die Defensive in 21 Fällen erfolgreich war und in 17 Fällen versagte.

Die AD-Zone wurde von der gegnerischen Mannschaft mit insgesamt 16 Flanken am häufigsten für Flanken genutzt. Die Zone mit der höchsten Erfolgsquote durch die Torhüter war die AE-Zone, die insgesamt 12 Flanken registrierte, von denen 8 erfolgreich gelöst wurden und nur 4 erfolglos waren. Die Zone mit der höchsten Fehlerquote war die MOD-Zone, in der insgesamt 6 Kreuze registriert wurden, von denen nur 2 erfolgreich gelöst wurden. Die prozentuale Erfolgsquote lag bei 55,3 %, die Misserfolgsquote bei 44,7 %.

1.4. Anwendung der Methodik der Entscheidungsschulung

Da das Spiel das Spiegelbild des Trainings ist, ist es wichtig, die Vorbereitung und die Konzentration auf die Flanken-Situationen und die daraus resultierenden Aktionen der Torhüter während des Trainings zu verstehen, um sie im Spiel anwenden zu können. In der Tat ist das Training nichts anderes als ein Test, der an die Merkmale des Spiels angepasst ist und entsprechend den kollektiven und individuellen Bedürfnissen entwickelt wird, damit sie in einer Spielsituation umgesetzt werden können.

Die folgende Tabelle veranschaulicht den Standard-Mikrozyklus, der während der Sportsaison verwendet wurde, wobei die Trainingseinheiten auf ein Spiel pro Woche verteilt wurden.

Tabelle 5 - Standard-Mikrozyklus von Team X, aus der Saison 2016/2017.

Sonntag	Zweite	Dienstag	Vierte	Bauernhof	Sechste	Samstag	Sonntag
Spiel	Ausbildung	Freigabe	Ausbildung	Ausbildung	Ausbildung	Ausbildung	Spiel

Im spezifischen Torwarttraining wurde in der Regel donnerstags, freitags und samstags vor allem an Flanken gearbeitet. An diesen Tagen war der Trainingskontext näher am Spielkontext, und es gab eine verstärkte Vorbereitung der taktischen Komponenten, abhängig von der gegnerischen Mannschaft und dem Spielmodell der Mannschaft.

Die Tatsache, dass in diesen Tagen das spezifische Training der Torhüter mit dem Mannschaftstraining kombiniert wurde, und zwar auf der Ebene der defensiven und offensiven Abläufe, durch die Schaffung von Übungen, die sich auf die taktisch-technischen Komponenten dieser beiden Abläufe konzentrieren, stellte einen Mehrwert für die Entwicklung der Leistung der Torhüter dar.

Während dieser drei Tage wurde das Training von Überquerungssituationen in drei Phasen unterteilt, was es ermöglichte, jede Phase für jeden Tag zu unterteilen.

Die erste Phase, die für die Trainingseinheit am Donnerstag geplant war, zielte darauf ab, Übungen mit einer größeren technischen Komponente und mit Aktionen ohne Gegenwehr durchzuführen, um die Positionierung der Stützen, Verlagerungen und Angriffe auf den Ball für jede Kreuzungssituation zu üben.

Die zweite Phase, die Trainingseinheit am Freitag, zielte auf die Durchführung von Übungen mit größerer Bedeutung für die taktisch-technische Komponente ab, bei denen den Torhütern Reize gegeben wurden, um einen Entscheidungsprozess auszulösen, und bei denen Aspekte wie die Positionierung im Tor, die Position der Stützen und die Geschwindigkeit des Luftangriffs auf den Ball berücksichtigt wurden. Die in dieser Phase durchgeführten Übungen wurden bereits unter passivem oder aktivem

Widerstand durchgeführt.

Die dritte Phase, die für das Training am Samstag vorgesehen war, bestand darin, die in den vorangegangenen Tagen trainierten Aspekte näher an die realen Situationen heranzuführen, die in einem Spiel vorkommen können. Die Torhüter waren Teil des Mannschaftstrainings und wurden bei Abschlussübungen mit aktiver Gegenwehr und anschließenden Flanken-Situationen, die bei allen Aktionen eine komplexere Entscheidungsfindung erforderten, eingesetzt.

In diesem Sinne wurde beim Training von Überquerungssituationen immer versucht, sich der Realität des Spiels anzunähern, indem wir versuchten, Wettkampfsituationen nachzustellen, die an die Eigenschaften des Gegners und die für die Mannschaft festgelegte Strategie angepasst waren.

Im Folgenden sind einige Standardübungen aufgeführt, die während der gesamten Sportsaison durchgeführt und in jede wöchentliche Trainingsphase eingefügt wurden.

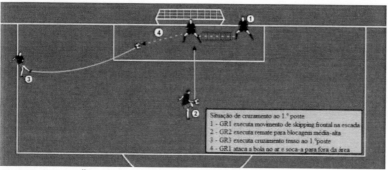

Abbildung 3 - Übung für die 1. wöchentliche Trainingsphase - Trainingseinheit am Donnerstag.

Situação de cruzamento com oposição passiva e ativa
1 - GR1 executa cruzamento para a zona das estacas;
2 - GR2 toma a decisão de atacar a bola no ar ou posicionar para o remate do TGR;
3 - Em caso de defesa, GR2 executa lançamento rápido para mini baliza.

Abbildung 4 - Übung für die 2. wöchentliche Trainingsphase - Trainingseinheit am Freitag.

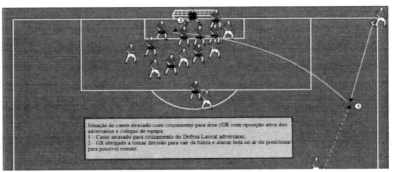

Situação de canto atrasado com cruzamento para área (GR com oposição ativa dos adversários e colegas de equipa:
1 - Canto atrasado para cruzamento do Defesa Lateral adversário;
2 - GR obrigado a tomar decisão para sair da baliza e atacar bola no ar ou posicionar para possível remate.

Abbildung 5 - Übung für die 3. wöchentliche Trainingsphase - Samstags-Trainingseinheit.

In der Kategorie der in Abbildung 6 und Abbildung 7 dargestellten Übungen, die in der Regel in der Donnerstags-Trainingseinheit durchgeführt wurden, wurden die Torhüter meist technischen Aktionen ohne jegliche Art von Widerstand ausgesetzt. Die Eigenschaften dieser Übungen ermöglichen die Verbesserung der technischen Aktionen wie die Positionierung der Stützen, die Verschiebungen und die Angriffe in der Luft zum Ball. Während dieser wöchentlichen Trainingsphase wurde der Position des Körpers und der Stützen des Torwarts besondere Bedeutung beigemessen, je nach dem Bereich, in dem die Flanke ausgeführt wurde, sowie der Art der Verschiebung, die je nach Flugbahn und Ziel des Balls auszuführen ist. Diese technischen Komponenten wurden analytisch in die Übungen eingebaut, um neue Verhaltensweisen in den GKs zu schaffen oder neu zu formulieren. In dieser Phase wurde die

Entscheidungskomponente durch die technische Komponente abgeschwächt, da es notwendig war, die technischen Aspekte bei Überquerungssituationen zu verbessern.

In der zweiten wöchentlichen Trainingsphase, die für die Freitags-Trainingseinheit festgelegt wurde, wurden die Torhüter Situationen ausgesetzt, die ihre Entscheidungsfindung beeinflussen könnten. In dieser Phase zeichneten sich die Übungen dadurch aus, dass sie einen passiven oder aktiven Gegner darstellten und den Schwerpunkt auf taktische und technische Fähigkeiten sowie auf die Entscheidungskomponente legten. Auf der Entscheidungsebene waren die Torhüter visuellen Reizen ausgesetzt, die durch die Zone und die Art der Flanke, die Flugbahn des Balls und die Positionierung des aktiven oder passiven Gegners dargestellt wurden, sowie auditiven Reizen, die vom Torwarttrainer präsentiert wurden und in bestimmte Übungen eingebaut werden konnten. Die taktisch-technische Komponente konzentrierte sich auf die Verbesserung von Aspekten im Zusammenhang mit der Positionierung im Tor, abhängig von der Zone, aus der die Flanke geschlagen wurde, sowie der Position der Stützen und der Geschwindigkeit beim Luftangriff auf den Ball, abhängig von der Art und dem Ziel der Flanke.

In der letzten Phase des wöchentlichen Trainings, der Samstags-Trainingseinheit, zielten die Übungen auf die Annäherung an den Kontext des Spiels ab, da die Torhüter in das Abschlusstraining der Mannschaft einbezogen wurden. Bei diesem Training wurden zahlreiche Flanken aus verschiedenen Zonen des Spielfelds präsentiert, die es den Torhütern ermöglichten, die in den ersten Trainingsphasen der Woche erworbenen und verbesserten Verhaltensweisen in die Praxis umzusetzen. Bei allen Übungen dieser Phase waren die Torhüter einem aktiven Gegner ausgesetzt, entweder den Verteidigern oder den Stürmern, was die Spezifität und Komplexität der Übungen erhöhte und schnelle und durchsetzungsfähige Entscheidungen erforderte.

1.5. Zweites Bewertungsmoment (M2)

Wie schon bei der ersten Auswertung zeigt Tabelle 8 die Korridore und Zonen, die von der gegnerischen Mannschaft in den Spielen am Ende der Saison am häufigsten durchquert wurden. In den insgesamt 6 analysierten Spielen des zweiten Beurteilungszeitpunkts wurden 15 Kreuze auf der rechten und 16 Kreuze auf der linken Spur registriert.

In den Daten, die sich auf den rechten offensiven Korridor des Spielfelds beziehen, der in die Zonen MOD und AD unterteilt ist, gab es 3 bzw. 12 Kreuze. Im linken Angriffskorridor, der in die Zonen EOM und AE unterteilt ist, gab es in jeder Zone 8 Kreuze.

Tabelle 6 - Quantitative Analyse des Auftretens von Kreuzen in der Funktion der offensiven Seitenkorridore am Ende der Saison 2016/2017.

SPIELE M2	ZONAMOD	ZONAAD	ZONAMOE	ZONAAE
7	0	1	1	2
8	1	1	1	1
9	0	3	3	2
10	2	5	1	1
11	0	0	1	1
12	0	2	1	1
ZUSAMMENFASSUNG	3	12	8	8
GESAMT	15		16	

Ein weiterer Aspekt ist die Anzahl der Flanken der gegnerischen Mannschaft und die Analyse der Leistung der Torhüter in diesen Situationen in jeder Phase des Spiels. Diese Daten sind in Tabelle 7 bzw. Tabelle 8 aufgeführt.

Tabelle 7 - Quantitative Analyse der Flanken der gegnerischen Mannschaft in der 1. und 2. Halbzeit der Spiele am Ende der Saison 2016/2017.

GAMES_M2	TEIL 1	2. TEIL	GESAMT
7	1	3	4
8	4	0	4
9	5	3	8
10	8	1	9
11	1	1	2
12	3	1	4
GESAMT	22	9	31
% GESAMT	71,0%	29,0%	100%

In allen sechs untersuchten Endspielen konnte festgestellt werden, dass in der ersten Halbzeit mehr Flanken geschlagen wurden als in der zweiten Halbzeit. In den insgesamt 6 Spielen und von den 31 registrierten Flanken wurden 22 in der ersten Halbzeit und die restlichen 8 in der zweiten Halbzeit geschlagen, was einem Prozentsatz von 71,0 % bzw. 29,0 % entspricht.

Tabelle 8 - Quantitative Analyse der Leistung der Torhüter bei Flanken in der 1. und 2. [Halbzeit] von M2-Spielen.

	ERFOLG
1. TEIL %	193
INSGESAMT	86,4%13 ,6%
2. TEIL %	81
INSGESAMT	88,9%11 ,1%

Nach S0rensen und Mitarbeitern (2008) sind Faktoren wie taktisches Verständnis des Spiels, Positionierung, Wahrnehmung und Antizipation von grundlegender Bedeutung für die Leistung des Fußball-Goalies.

Was die Leistung der Torhüter bei Flanken in beiden Spielhälften betrifft, so war die Erfolgsquote in der zweiten Halbzeit höher. In den letzten 45 Minuten des Spiels lag die Erfolgsquote bei 88,9 % und die Fehlerquote bei 11,1 %. Im ersten Halbjahr lag die Erfolgsquote bei 86,4 % und die Misserfolgsquote bei 13,6 %.

In Bezug auf die Leistung der Torhüter in Flanken-Situationen im ersten Bewertungszeitpunkt (M1), d.h. in den ersten sechs Spielen der Saison, und im zweiten Bewertungszeitpunkt (M2), der sich auf die letzten sechs Spiele der Saison bezieht, konnte festgestellt werden, dass die Erfolgsquote bei diesen Aktionen im zweiten Bewertungszeitpunkt anstieg, wie aus den folgenden Ergebnissen hervorgeht.

Tabelle 9 - Quantitative Analyse der Leistung der Torhüter in Flanken-Situationen am Ende der Saison 2016/2017.

ENDE DER SAISON	S	I
MOD	3	0
AD	10	2
EOM	7	1
AE	7	1
GESAMT	27	4
% GESAMT	87,1%	12,9%

Abbildung 6 - Grafische Darstellung der Leistung von Torhütern in Flanken-Situationen am Ende der Saison 2016/2017.

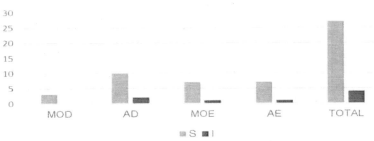

DESEMPENHO FIM DA ÉPOCA

In den letzten sechs Spielen der Saison wurden insgesamt 31 Kreuzungen registriert, von denen 27 in der Defensive erfolgreich waren und 4 scheiterten. Wie im ersten Moment der Auswertung wurde die AD-Zone von der gegnerischen Mannschaft mit insgesamt 12 Flanken am häufigsten genutzt. Die Zone mit der höchsten Erfolgsquote bei den Torhütern war die MOD-Zone, in der insgesamt 3 Flanken registriert wurden, die alle erfolgreich geklärt werden konnten. Die Zone mit der höchsten Misserfolgsquote war die AD-Zone, in der insgesamt 12 Kreuzungen registriert wurden, von denen 10 erfolgreich und 2 erfolglos gelöst wurden. Die prozentuale Erfolgsquote lag bei 87,1 %, die Misserfolgsquote bei 12,9 %.

Es ist auch festzustellen, dass in allen analysierten Spielen keinem Tor der gegnerischen Mannschaft eine Flanke vorausgegangen ist.

Tabelle 10 zeigt die Durchschnittswerte, die zu jedem Zeitpunkt der Bewertung ermittelt wurden. Es gibt einen deutlichen Unterschied zwischen den Mittelwerten von M2 und M1.

Tabelle 10 - Deskriptive Mittelwerte und Standardabweichungen (M ± Dp) für jeden Zeitpunkt der Bewertung (M1 und M2).

	N	Durchschnitt ± Dp.
LEISTUNG M1	38	0,55 ± 0,504
PERFORMANCEJM2	31	0,87 ± 0,341

Abbildung 7 - Vergleichende grafische Darstellung der Leistung der Torhüter zu Beginn und am Ende der Saison 2016/2017 in Überschneidungssituationen.

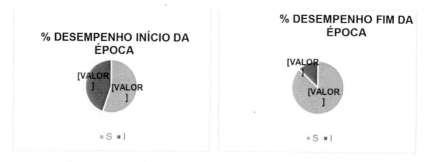

Bei der Analyse des Unterschieds zwischen den beiden Beurteilungszeitpunkten zeigt sich also, dass die Erfolgsquote ist bei M2 signifikant höher als bei M1 ($p=0,003$; siehe Tabelle 11).

Tabelle 11 - Statistische Vergleichswerte zwischen den beiden Bewertungszeitpunkten (M1 und M2).

	df	t	P
LEISTUNG M1 gegen PERFORMANCE M2	30	-3,248	**0,003**

Diese Werte deuten darauf hin, dass der Fokus auf das Training von Flanken-Situationen während der gesamten Saison Auswirkungen auf die von den Torhütern im Spiel ausgeführten Aktionen hatte.

Für Tavares und Casanova (2013) ist es von Bedeutung, dass der Trainer als Planer und Berater des sportlichen Prozesses Trainingsformen einsetzt, die die Wahrnehmungs- und kognitiven Fähigkeiten fordern, um einen großen Transfer von Trainingssituationen auf Wettkampfsituationen zu erreichen, mit dem Ziel, die Leistung ihrer Spieler und ihres Teams zu steigern.

Die Komplexität von Flanken-Situationen in einem Wettkampfkontext erschwert das Handeln des Torwarts und erfordert eine Verbindung von Verhaltensweisen, die beherrscht werden müssen, wie z. B. die Positionierung, das Lesen der Laufwege, technische Aktionen und Entscheidungen. Einige psychologische Komponenten, wie z. B. Unsicherheit oder mangelndes

Selbstvertrauen, können sich ebenfalls negativ auf die Aktion des Torhüters in einer Flanken-Situation im Spiel auswirken, da sie den Torhüter zwingen, den Ort zu verlassen, an dem er sich sicher fühlt. Diese Faktoren wurden bei den Trainingsübungen nicht vergessen, und den Torhütern wurde stets die Freiheit gegeben, in diesen Situationen zu scheitern und Fehler zu machen, um ihre Komfortzone zu erweitern und ihre Entscheidungsfindung im Spielkontext zu erleichtern.

Die in den Trainingsübungen geforderten Entscheidungsmerkmale könnten also dazu beigetragen haben, die Erfolgsquote der Torhüter in Flanken-Situationen während des Spiels zu erhöhen.

Ein weiterer Faktor, der zur Erhöhung der Erfolgsquote in diesen Situationen beigetragen haben könnte, hängt mit dem adaptiven Faktor des kollektiven und individuellen Wissens jedes Spielers zusammen, das während der gesamten Wettkampfsaison gefördert wurde und die Kommunikation, Absichten, Entscheidungen und Handlungen jedes Spielers erleichterte.

Literaturverzeichnis

Bate. (1999). Die Bedeutung von Kreuzen. Fußballverband.

Garganta, J. (1997). Modelação tática do jogo de Futebol - estudo da organização da fase ofensiva em equipas de alto rendimento. Dissertation. FCDEF - UP.

Sorensen, H., Thomassen, M., & Zacho, M. (2008). Biomechanisches Profil von dänischen Elite- und Sub-Elite-Fußballtorhütern. Fußballwissenschaft, 5, 37-44.

Tavares, F., Casanova F. (2013). Die Entscheidungsaktivität des Spielers bei Sportspielen. In F. Tavares (Ed.), Jogos Desportivos Coletivos: Ensinar a Jogar (pp. 55-72). FADEUP, Porto.

Meister Tiago Alberto Silva Oliveira

Professor Filipe Casanova

Das explorative Sehverhalten von U19-Fußballern:
Anwendung im Trainingskontext (Teil I)

Während eines Fußballspiels muss der Fußballer eine Vielzahl von hochkomplexen taktischen und technischen Problemen lösen. Der Spieler handelt im Spielgeschehen nicht isoliert, sondern trifft seine Entscheidungen auf der Grundlage der Interaktionen zwischen seinen Mitspielern und dem Gegner.

Um erfolgreich zu sein, braucht das Team eine effektive Interaktion zwischen seinen Mitgliedern. Die interne Organisation der Mannschaft muss durch eine Reihe spezifischer Fähigkeiten gesteuert werden, um die beste Leistung der taktisch-technischen Aktionen während des Spiels zu erreichen (Tavares, 2017).

Die Beziehungen zwischen den Athleten sollten auf kollektive Handlungen abzielen, d.h. die isolierten Handlungen jedes Spielers sollten einem kollektiven Ziel/Verhalten dienen, obwohl sie durch ein allgemeines Prinzip koordiniert werden. Das kollektive Verhalten wird durch die Perspektive des Trainers und die Informationen, die er dem Spieler darüber gibt, "was er tun soll", bestimmt (Araújo, Davids, & Hristovski, 2006).

Die Art und Weise, wie der Spieler seine motorischen Aktionen ausführt, ist ein weiterer grundlegender Aspekt, der die Frage nach dem "Wie" beantwortet. Um erfolgreich zu sein, reicht es jedoch nicht aus, nur die technischen Fertigkeiten auszuführen, sondern es ist auch notwendig, die wahrnehmungs-kognitive Übung "was zu tun ist" und "wann es zu tun ist" zu üben (Vickers 2009).

Der Sportler sollte das Problem/die Situation analysieren, so viele Informationen wie möglich sammeln, aus den verschiedenen Möglichkeiten die beste Antwort auswählen und einen Aktionsplan entwerfen.

Nach Albernethy (1987) sind Spitzensportler in der Lage, Informationen zu extrahieren, bevor sie den Ball erhalten, die besten Aktionen zu verstehen, um erfolgreich zu sein, und einen effizienten Aktionsplan zu entwerfen. Andererseits haben weniger erfahrene Spieler Schwierigkeiten, Informationen aus der Umgebung zu extrahieren, zu analysieren und zu verarbeiten, nachdem sie den Ball erhalten haben, was ihre Aktionszeit verkürzt. Darüber hinaus zeigen Spitzenspieler, dass die Auswahl und Interpretation von

Informationen selektiver und effektiver ist, wodurch ihre motorischen Reaktionen schneller und erfolgreicher sind als bei Nicht-Spitzenspielern (Casanova, Oliveira, Williams, & Garganta, 2009). Einer der Aspekte, die diese beiden Gruppen unterscheiden, sind ihre wahrnehmungs-kognitiven Fähigkeiten. Das Niveau der taktischen Kenntnisse, die Erfahrung und die technischen Fähigkeiten der Athleten führen dazu, dass die Spieler ein höheres oder niedrigeres Niveau in der Sportart haben.

Taktisch-technische Anforderungen: ein wesentlicher Faktor bei der Entscheidungsfindung

Damit der Entscheidungsfindungsprozess effektiv ist, muss man auf Technik zurückgreifen. Je größer die Bandbreite der von den Athleten beherrschten technischen Handlungen ist, desto mehr Möglichkeiten haben diese, das Problem auf effektive Weise zu lösen. Ein Sportler, der nur über begrenzte Ressourcen verfügt, wird mehr Schwierigkeiten haben, ein Problem zu lösen, was seine Entscheidungsfähigkeit einschränkt.

Tavares (2017) befasst sich mit einem kontroversen Thema in Bezug auf technische Ansätze in jüngeren Jahren und betont die Notwendigkeit, eine breite Palette von technischen Aktionen bei jungen Menschen zu erforschen, um das motorische Repertoire zu erweitern und den Athleten mit Werkzeugen auszustatten, die ihm bei der Bewältigung der verschiedenen Schwierigkeiten im Spiel helfen.

Tani (2008) hebt drei grundlegende Kriterien für das Training motorischer Fertigkeiten und ihre jeweilige Variabilität hervor: die Art der Fertigkeit (offen oder geschlossen); das Entwicklungsstadium (frühe Kindheit, zweite Kindheit, Adoleszenz); die Lernphase (anfänglich oder kognitiv, zwischenzeitlich oder assoziativ und schließlich oder autonom).

Die Entwicklung der Variabilität der motorischen Fertigkeit wäre hoch, wenn sie in einer offenen Art und Weise für Kinder in der frühen Kindheit und in der ersten Lernphase gelehrt würde. Die offene Art der Geschicklichkeit zwingt das Kind dazu, nach verschiedenen Arten von Pässen zu suchen, um zum Beispiel die dargestellten Schwierigkeiten zu lösen.

In der frühen Kindheit liegt der Schwerpunkt auf der Erweiterung des motorischen Repertoires des Kindes, und die frühe Lernphase ist durch die natürliche Aneignung von Bewegungen gekennzeichnet.

Übertragen auf die sportliche Realität sind die Referenzathleten diejenigen, die Beständigkeit und Variabilität in ihren Ressourcen aufweisen. Ein gut vorbereiteter Spieler, der über verschiedene und stabile Ressourcen verfügt, ermöglicht es dem Trainer, weiterentwickelte taktische Systeme zu entwickeln und umzusetzen, ohne dass die Mannschaft durch technische Aspekte beeinträchtigt wird.

Die Schwierigkeiten bei Mannschaftssportspielen ergeben sich unmittelbar aus dem Spielmodell, das sowohl von der gegnerischen Mannschaft als auch von unserer Mannschaft angewandt wird. Die vorher festgelegten Verhaltensweisen für ein Spiel zielen darauf ab, das Vorankommen des Gegners zu verhindern, sein Spiel so weit wie möglich zu konditionieren und seine möglichen Fehler auszunutzen.

Wenn der Spielplan darauf abzielt, eine Zwei-gegen-Eins-Formation in den Seitengängen zu erzwingen, dann wird jede einzelne Entscheidung mit der Absicht getroffen, den Gegner zu überlasten, insbesondere in den Seitengängen, was die Entscheidungen der Spieler und die Räume, die sie suchen, unmittelbar beeinflusst.

Der erfahrenere Spieler ist in der Lage, unter Berücksichtigung des gesamten Spielablaufs die Wahrscheinlichkeiten der Situation in Echtzeit zu analysieren und zu verstehen, ob die im Voraus festgelegte Strategie in irgendeiner Weise Wirkung zeigt.

Andernfalls ändert der Spieler durch das Lesen des Spiels seine Verhaltensweisen, um seine Erfolgsquote im Spiel zu erhöhen. Das bedeutet jedoch nicht, dass er aufhört, die Seitenstreifen zu bevorzugen, sondern dass er den Prozess, mit dem er dorthin gelangt, ändert.

Ein weniger erfahrener Spieler hat bei einer Annullierung Schwierigkeiten, seinen Handlungsablauf zu ändern, und zwar aufgrund mehrerer Aspekte, von denen einer bereits erwähnt wurde, nämlich der begrenzten taktisch-technischen Mittel.

Bewertung der Entscheidungsfähigkeiten der Spieler

Die Entscheidungsfähigkeit hat den Zweck, ein Problem zu lösen, das dem Sportler durch die Spielsituation auferlegt wird. Während einer Sportveranstaltung sind die Athleten verschiedenen Situationen ausgesetzt und müssen nach einem von ihnen erstellten Aktionsplan handeln. Für Tani (2005) gipfelt der Prozess des Erwerbs solcher Fähigkeiten in der Übung und Erfahrung des Sportlers mit seiner Umgebung.

Um die Entscheidungsfähigkeit von Spielern im Ballbesitz zu bewerten, wurde eine Reihe von qualitativen Kriterien für die taktisch-technischen Äußerungen von Fußballern im Ballbesitz entwickelt (siehe

Tabelle 1).

Tabelle 1- Qualitativer Index der Bewertung der Entscheidungsfähigkeit mit dem Ball.

Habilidade com Bola	Índice Qualitativo		
	Bom	**Suficiente**	**Mau**
Drible/Finta	Ultrapassa o adversário com sucesso	Nem sempre ultrapassa o adversário com sucesso	Não consegue ultrapassar o seu adversário
Passe	Executa com eficácia em qualquer situação	Nem sempre executa com eficácia	Não executa com eficácia
Receção a um toque	Realiza o primeiro toque em movimento e orientado	Realiza o primeiro toque na posição estática	Tem dificuldade em rececionar grande parte dos passes.
Ação decisional	Decide a ação com um elevado grau de acerto, mediante qualquer problema apresentado	Executa a ação com um elevado grau de acerto apenas quando não é pressionado	Não consegue dar seguimento à jogada
Imprevisibilidade/ criatividade	Capacidade para criar e descobrir os colegas em situações favoráveis, surpreendendo o adversário	Nem sempre consegue criar e descobrir os colegas em situações favoráveis e surpreende o adversário em algumas situações	Não é capaz de criar e descobrir os colegas em situações favoráveis, nem tão pouco surpreende o adversário
Índice de trabalho	Movimenta-se correctamente para receber a bola e obter espaços e soluciona problemas com que se depara	Movimenta-se correctamente para receber a bola, mas em espaços nem sempre favoráveis	Não se movimenta no terreno de jogo, com o intuito de se colocar numa posição favorável

dem Spielfeld, um sich   in eine günstige Position   zu bringen

Zum besseren Verständnis war es daher notwendig, die bewerteten technischen und entscheidungstechnischen Fähigkeiten zu definieren: I) Dribbling/Taking: Ein Dribbling liegt vor, wenn der Ballträger den/die direkten Gegenspieler in Ballbesitz überholt; II) das Passen besteht in der Übergabe des Balls von einem Spieler zu einem anderen Spieler derselben Mannschaft; III) die Ballannahme ist die Aktion, die der Spieler, dem der Ball zugespielt wird, ausführt, um in Ballbesitz zu bleiben; IV) die Entscheidungsaktion besteht in der motorischen Ausführung des vom Spieler festgelegten Aktionsplans; V) Unvorhersehbarkeit/Kreativität: ist die Fähigkeit, "neue" Handlungen zu schaffen und zu produzieren, die das individuelle und kollektive Ziel nicht gefährden (Casanova, 2012; Oliveira, 2014). Der Spieler, der sich durch die Originalität des Spiels auszeichnet; VI) Arbeitsrate: Maßnahmen, die ergriffen werden, um der Mannschaft zu helfen, die Ziele zu erreichen, Anstrengungen, die der Spieler im Namen der Mannschaft unternimmt.

Um den zuvor definierten qualitativen Indikatoren Konsistenz und Verlässlichkeit zu verleihen, wurde fünf Trainern, die über eine Akkreditierung als Fußballtrainer der Stufe III oder höher verfügen und an mindestens zwei nationalen Wettbewerben teilgenommen haben, vorgeschlagen, ihre Meinung über die Zustimmung mittels eines Fragebogens vom Typ Lickert mit zwei Punkten abzugeben, wobei 1 "stimme zu" und 2 "stimme nicht zu" bedeutet.

Bei den sechs beschriebenen Ballfertigkeiten können wir nachweisen, dass die Trainer mit den vorgestellten Kriterien einverstanden waren (siehe Tabelle 2).

. ...

Tabelle 2- Deskriptive Analyse der Antworten der Trainer bezüglich der qualitativen Kriterien der Spielerbewertung.

Ball-Geschicklichkeit	Ich stimme	Ich stimme
Dribbeln/Stiften	5	0
Pass	5	0
One-Touch-Empfang	5	0
Entscheidendes Handeln	5	0
Unvorhersehbarkeit/Kreativität	5	0
Arbeitsindex	5	0

Literaturverzeichnis

Albernethy, B. D. G. (1987). Unterschiede zwischen Experten und Anfängern bei einer angewandten selektiven Aufmerksamkeitsaufgabe. Zeitschrift für Sportpsychologie, 326-345.

Araújo, D., Davids, K., & Hristovski, R. (2006). Die ökologische Dynamik der Entscheidungsfindung im Sport. Psychology of Sport and Exercise, 653-676.

Casanova, F. (2012). Wahrnehmungs-Kognitions-Verhalten bei Fußballspielern: Reaktion auf längeres intermittierendes Training. Dissertation an der Fakultät für Sport der Universität Porto (FADE-UP). Porto.

Casanova, F. Oliveira, J., Williams, M., & Garganta, J. (2009). Fachwissen und wahrnehmungs-kognitive Leistung im Fußball: ein Überblick. Revista Portuguesa de Ciências doDesporto,115-122.

Oliveira, J. G. (2014). Der Einfluss des technischen Trainings auf den "nicht bevorzugten Fuß" auf die Verringerung der funktionellen Asymmetrie der unteren Gliedmaßen bei jungen Fußballspielern. Porto: Faculdade de Desporto da Universidade do Porto.

Tani, G. (2005). Häufigkeit, Genauigkeit und zeitliche Lage des Ergebniswissens und des adaptiven Prozesses beim Erwerb einer motorischen Fähigkeit der Handkraftkontrolle. São Paulo: Portugiesische Zeitschrift für Sportwissenschaften.

Tani, G. (2008). Motorische Äquivalenz, Variabilität und Freiheitsgrade: Herausforderungen für den Sportspielunterricht. In F. Tavares & J. Garganta (Eds.), Olhares e contextos da performance nos jogos desportivos (pp. 85-92). Porto: Faculdade de Desporto da Universidade do Porto.

Tavares, F. (2017). A Tomada de Decisão nos Jogos Desportivos Coletivos. Porto: Editora FADEUP.

Vickers, J. N. (2009). Fortschritte bei der Kopplung von Wahrnehmung und Handlung: Das ruhige Auge als bidirektionale Verbindung zwischen Blick, Aufmerksamkeit und Handlung. Fortschritte in der Hirnforschung, 279-288.

Meister Tiago Alberto
Silva Oliveira Professor
Filipe Casanova

Das explorative Sehverhalten von U19-Fußballern
: Anwendung im Trainingskontext (Teil II)

Bewertung der Spieler

In der Spielzeit 2017/2018 wurden zwei Spieler aus dem Mittelfeld einer Mannschaft der zweiten nationalen Junioren-A-Liga

(unter 19 Jahren) wurden einer Reihe von experimentellen Verfahren unterzogen, die darauf abzielen
die Bewertung und das Training des visuellen Erkundungsverhaltens. Es wurde versucht, die folgenden sportwissenschaftlichen Fragen zu beantworten:
- Wie oft suchen die eingesetzten Spieler vor der Ballannahme nach einem erkundenden Blickverhalten?
- Wirkt sich das explorative Sehverhalten positiv oder negativ auf die Entscheidungsfindung aus?
- Verbessert sich das Leistungsniveau durch die Anwendung spezifischer Übungen, die das explorative Sehverhalten trainieren?

Die durchgeführten Bewertungen beruhen auf Beobachtungen, die während der gesamten Sportsaison 2017/2018 gemacht wurden.
Spieler 1 war ein großer Spieler, der mehr Defensiv- als Offensivqualitäten mitbrachte. Seine Stärke war seine physische Komponente, die ihm eine hohe Erfolgsquote in Ballkämpfen, Zweikämpfen und körperlichen Auseinandersetzungen ermöglichte.
Technisch hatte er einige Schwächen, aber er nutzte seine Vision des Spiels und durch den Pass konnte er Probleme lösen, die das Spiel ihm stellte.

Tabelle 1- Bewertung der technischen Fähigkeiten von Spieler 1.

Technische Fertigkeiten	Qualitativer Index
Dribbeln/Stiften	Ausreichend
Pass	Gut
One-Touch-Empfang	Ausreichend
Entscheidendes Handeln	Gut
Unvorhersehbarkeit/Kreativität	Gut
Arbeitsindex	Ausreichend

Spieler 2 war technisch fortgeschritten, hatte aber einige Lücken in der körperlichen Komponente, die sein Spiel einschränkten. Die Kreativität und die Qualität des Passspiels stechen vor allem im letzten Drittel hervor. Dieser Spieler hatte auch einige Einsätze bei den Senioren, wodurch er sich vom Rest der Juniorenmannschaft abheben konnte.

Tabelle 2- Bewertung der technischen Fähigkeiten von Spieler 2.

Technische Fertigkeiten	Qualitativer Index
Dribbeln/Stiften	Gut
Pass	Gut
One-Touch-Empfang	Ausreichend
Entscheidendes Handeln	Ausreichend
Unvorhersehbarkeit/Kreativität	Gut
Arbeitsindex	Gut

Ziel der Videoaufzeichnung der Spiele war es, die Leistungen der Mannschaft und das Verhalten der Sportler zu analysieren. Anhand der gesammelten Bilder konnte nicht nur das kollektive Verhalten, sondern auch das individuelle Verhalten der Athleten und alle ihre Handlungen auf dem Spielfeld identifiziert werden.

Der dominante Fuß von Spieler 1 war der rechte Fuß, er war 1,83 m groß und wog 76 kg, er spielte auf der Position des zentralen Mittelfeldspielers. Spieler 2 hatte als dominanten Fuß den rechten Fuß, er war 1,80 m groß und wog 62 kg. Er spielte im Mittelfeld, als zentraler Mittelfeldspieler und als innerer Mittelfeldspieler.

Die Auswahl der Bilder erfolgte 5 Sekunden vor der Ballannahme, um zu verstehen, ob sie die Absicht hatten, Informationen aus der Umgebung aufzunehmen, und um den weiteren Verlauf des Spiels zu verfolgen. Aktionen, bei denen die Spieler nicht in der Lage waren, den Ballbesitz zu behalten, sei es durch unvollständige Pässe oder durch Streitigkeiten um den Ball, wurden ausgeschlossen.

Die Analyse der Bilder wurde in zwei Auswertungszeitpunkten durchgeführt, wobei jeder Auswertungszeitpunkt aus der Analyse von zwei Spielen bestand.

In der ersten Phase der Bewertung ging es darum, den Grad des Erkundungsverhaltens des Athleten und folglich seine Entscheidungsfindung zu verstehen. Anhand der gewonnenen Daten und der Leistungen der Spieler in den beiden Spielen wurden zwei Übungen und ein entsprechender Plan erstellt, um die bewerteten Aspekte zu korrigieren und zu verbessern.

Danach, im zweiten Moment, versuchten wir zu verstehen, ob es eine Veränderung in den Verhaltensweisen gab, die zwischen den Bewertungsmomenten registriert wurden, und ob sich die Leistung der Athleten in den vorgeschlagenen zu bewertenden Komponenten verbesserte.

Erster Moment der Bewertung

Die Bewertung des Erkundungsverhaltens der Spieler basierte auf zwei Spielen der ersten Runde der Erhaltungsphase der nationalen Meisterschaft der Junioren 2a Division. Die beiden Spieler wurden eingesetzt und spielten 95 Minuten (90 Minuten reguläre Spielzeit plus 5 Minuten Ausgleich).

Hinsichtlich des visuellen Erkundungsverhaltens wurden 43 Situationen von Spieler 1 und 37 Situationen von Spieler 2 analysiert. 14 der 43 analysierten Situationen von Spieler 1 entstanden nach der Suche nach externen Informationen, 11 hatten eine positive Folge und 3 davon endeten damit, dass der Athlet den Ballbesitz verlor oder einen Fehlpass machte. Spieler 2 zählte 37 Aktionen, von denen 7 ein vorheriges Erkundungsverhalten hatten, mit einer Erfolgsquote von 100 % bei den 7 durchgeführten Aktionen.

Tabelle 3- Analyse des visuellen Erkundungsverhaltens Spieler 1.

| Spiel | Explorativ-visuelles Verhalten | | | | Insgesamt |
| | Ja | | Nein | | |
	Erfolg	Versagen	Erfolg	Versagen	
1o	11	3	16	13	43
2°	8	2	22	7	39
Insgesamt	19 (79%)	5 (21%)	38 (65%)	20 (35%)	82

Im zweiten bewerteten Spiel führte Spieler 1 39 Situationen aus, von denen 10 externe Informationen vom Medium bezogen, 8 der Situationen hatten eine positive Folge. Bei Spieler 2 wurden 42 Aktionen quantifiziert, von denen 16 ein exploratives visuelles Verhalten des Spielers vorausgingen. 12 der 16 analysierten Aktionen waren erfolgreich (siehe Tabelle 3 und Tabelle 4).

Tabelle 4- Analyse des visuellen Erkundungsverhaltens von Spieler 2.

Spiel	Visuelles				Insgesamt
	Ja		Nein		
	Erfolg	Versagen	Erfolg	Versagen	
1o	7	0	18	12	37
2°	12	4	21	5	42
Insgesamt	19 (83%)	4 (17%)	39 (67%)	17 (33%)	79

Angewandte Trainingsübungen

Castelo (2002) stellt fest, dass die Definition von Bewegung eine schwierige Aufgabe ist, und dass die Definition von Bewegung recht komplex ist.

Diese Aufgabe beschränkt sich nicht nur auf den Akt der Verschreibung, sondern es muss über eine Reihe von Merkmalen und wesentlichen Aspekten nachgedacht werden, um ihre Operationalisierung zu erreichen. Ihr Ziel ist es immer, die Leistung der Athleten und natürlich des Teams zu steigern. Sie ist daher ein grundlegendes Instrument, da der Trainer auf ihrer Grundlage seine Vorstellungen vom Spiel der Mannschaft umsetzt.

Die Übung ist einer der wichtigsten Momente in der Tätigkeit des Trainers. Ihre Reflexion und Untersuchung ist nicht nur für die berufliche Entwicklung des Trainers, sondern auch für den Entwicklungsprozess der Athleten und des Teams von großer Bedeutung. Sie sollte die vier wichtigsten Leistungskomponenten des Spiels abdecken: taktische, technische, physische und psychologische.

Die Auswahl einer Übung erfolgt nicht willkürlich und kontextlos. Der Trainer sollte reflektieren, objektivieren, analysieren und die Übung entwickeln, die am effektivsten ist, um das Wissen und die

Verhaltensweisen zu vermitteln, die für die Mannschaft in bestimmten Phasen und/oder Momenten des Spiels definiert wurden. Um die Aktionen der Mannschaft zu definieren, sollte der Trainer ein Skript für das Verhalten der Spieler entwerfen, das aus seiner Sicht der effektivste und effizienteste Weg ist, um die maximale Leistung seiner Mannschaft zu erreichen und somit die für die Mannschaft vorgeschlagenen Ziele zu verwirklichen.

Wenn wir darauf hinweisen, dass der Topmanager der Gruppe die Übung reflektieren und analysieren sollte, um eine Spielidee zu konkretisieren, schließen wir daraus, dass er aus dieser Übung seine Spielprinzipien, Verhaltensweisen, Reaktionen, alle Details, die er für die eigene und einzigartige Spielweise des Teams für wesentlich hält, herausarbeiten möchte.

Was die Entscheidungsfindung betrifft, so sollte das Training visuelle und kognitive Fähigkeiten entwickeln, die es den Spielern ermöglichen, Verhaltensmuster zu erkennen und zu identifizieren. Siehe z. B. die Fähigkeit, die Signale der Beteiligung wahrzunehmen, sie zu interpretieren und das "Was, Wann und Wie zu tun ist" zuzuordnen (Casanova, 2012).

Laut Tavares und Casanova (2017) sollte das Training zur Verbesserung der Entscheidungsfindung Spielsituationen ergänzen, um eine Vielzahl unterschiedlicher Reize zu bieten. Dies ermöglicht es dem Sportler, verschiedene Spielszenarien zu durchlaufen, aus denen er auf der Grundlage der im Training gemachten Erfahrungen Informationen extrahieren und auf das Spiel übertragen kann. Das Training sollte dem Spiel nachempfunden sein, damit die Sportler die Möglichkeit haben, die gewünschten Verhaltensweisen zu entwickeln.

Daher sollte der Trainingsplan für die Entscheidungsfindung sieben von Vickers (2003) vorgeschlagene Trainingsinstrumente beinhalten, nämlich: Übungsvariabilität, Übungsrandomisierung, Feedback durch den Trainer, Videodemonstration, Fragebogen, taktische Anweisungen und taktisches Modellieren.

Tani (2006) stellt fest, dass "Automatisierung ein stabilisierender Prozess ist, der die Entwicklung von Anpassungsmechanismen nicht zulässt. Wenn ein Spieler im Spiel mit einer ständigen Ordnung und Unordnung von Variablen konfrontiert wird und seine einzigen kognitiven Prozesse automatisiert sind, dann wird seine Erfolgswahrscheinlichkeit sehr gering sein." Die ständige Unvorhersehbarkeit des Sports zwingt die Spieler dazu, sowohl geistig als auch körperlich flexibel zu sein, um auf die auftretenden Probleme erfolgreich reagieren zu können.

Die Analyse des ersten Bewertungszeitpunkts ermöglichte es uns, einige interessante Aspekte hervorzuheben. Die Spieler versuchen selten, Informationen aus der Umgebung zu sammeln, bevor sie den Ball haben. Die Aktionen, bei denen sie Informationen sammeln, haben eine hohe Erfolgsquote. Wenn sie das visuelle Erkundungsverhalten nicht durchführen, sinkt die Erfolgsquote.

Daraufhin wurde ein Interventionsplan entwickelt, der darauf abzielt, die visuelle Komponente der Spieler zu trainieren und zu verbessern. So wurden zwei Trainingsübungen entwickelt und 5 Wochen lang in zwei wöchentlichen Trainingseinheiten von 20 Minuten (10+10) mit einer Minute Pause durchgeführt.

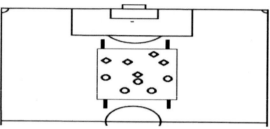

Abbildung 1: Trainingsübung 1 (5 gegen 5) ohne GR in den Trainingseinheiten am Dienstag und Mittwoch.

Die Übung findet in einem 30 mal 20 Meter großen Raum mit zwei Minitoren statt, in dem sich zwei Mannschaften mit der taktischen Struktur Angriffslinie gegen Verteidigungslinie gegenüberstehen.

Zu den allgemeinen Zielen der Übung gehörten die Verbesserung der defensiven und offensiven Organisation; bei den defensiven Übergängen die Linien zu verbinden und die Tiefe des Gegners zu verringern; bei den offensiven Übergängen die Situation einzuschätzen und, wenn möglich, den Angriff schnell zu starten; wenn nicht, zu warten, bis die Mannschaft sich organisiert hat.

Im Hinblick auf das spezifische Ziel, das sich an die Medien richtete, wurden sie gebeten, folgende Verhaltensweisen zu zeigen:

- Vor der Ballannahme sollte der Spieler seinen Kopf bewegen und versuchen, die Position des Gegners und die Position seiner Mannschaft zu erkennen;

- Wenn sich ein Mittelfeldspieler der Ballannahme nähert, sollte der andere den von seinem Partner geschaffenen Raum analysieren und

4

versuchen, diesen Raum zu erobern;

- Während des Ballbesitzes muss der Spieler wissen, wann er tief und wann er weit spielen muss.

Um die Entscheidungsfindung zu verbessern, müssen die Spieler die Bewegungen des Gegners und ihrer Mannschaft stets im Auge behalten. Auf kleinem Raum sind sie gezwungen, sich stärker zu konzentrieren und das Spiel ständig zu lesen, was perfekt ist, um ihr visuelles Erkundungsverhalten zu trainieren.

Diese Übung wurde für Dienstag und Mittwoch konzipiert, denn in den angegebenen Trainingseinheiten arbeitete der Cheftrainer mit kleinen Gruppen, im Laufe der Woche erhöhte er die Anzahl, um die Zusammenhänge näher an den Wettbewerb heranzuführen.

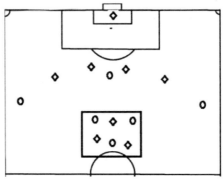

Abbildung 2- Trainingsübung 2, (3vs3), die sich zu (6vs6+GR) entwickelt, angewandt in den Trainingseinheiten am Mittwoch und Donnerstag.

Übung 2 fand auf einem Halbfeld mit einem Tor statt und war in zwei Phasen unterteilt. Die erste Phase wurde 3 gegen 3 in einem Quadrat von 20 mal 20 Metern gespielt. Nachdem die Spieler 6 Pässe gespielt haben, gehen sie in eine zweite Phase über, in der sie sich mit den offensiveren Spielern verbinden und die Mannschaft das Tor sucht, wobei einer der verteidigenden Mittelfeldspieler im Strafraum stecken bleiben sollte. Wenn die verteidigende Mannschaft den Ball zurückerobert, sollte sie schnell versuchen, die kontrollierte Mittellinie zu passieren. Die Mannschaft, die das große Tor angreift, besteht aus drei Mittelfeldspielern, dem rechten Flügelspieler, dem linken Flügelspieler und dem Flügelspieler. Die verteidigende Mannschaft besteht aus drei Mittelfeldspielern: dem linken Flügelspieler, dem rechten Flügelspieler und den beiden zentralen Mittelfeldspielern.

Was die spezifische Arbeit für die Mittelfeldspieler anbelangt, so

wurden sie aufgefordert, folgende Verhaltensweisen zu zeigen:
- Lesen Sie in der ersten Phase ständig die Position des Gegners und seiner Mitspieler;
- Auf kleinerem Raum sind die Sportler gezwungen, schnell zu denken und schnell zu entscheiden;
- Sie sollten sich auf die Positionierung der meisten Offensivspieler konzentrieren, so dass sie bei den 6 Pässen den Ball in die sicherste Option bringen;
- In der zweiten Phase erobern Sie die vom Trainer genannten Räume.

Zweiter Moment der Bewertung

Im Laufe der Zeit konnten einige Verhaltensverbesserungen der Spieler in Bezug auf das visuelle Erkundungsverhalten festgestellt werden. Damit diese Entwicklung jedoch gültig ist, war es notwendig, die ausgewählten Spieler erneut zu bewerten, um zu verstehen, ob ihre Entwicklung wirklich spürbar war.

Beide Spieler haben die 90 Minuten des ersten Spiels durchgespielt. Spieler 1 zeigte bei 13 der 21 ausgeführten Aktionen ein exploratives visuelles Verhalten, wobei 12 der Entscheidungen durchsetzungsfähig waren. Spieler 2 zeigte von den 28 ausgeführten Handlungen 17 Mal ein exploratives visuelles Verhalten und 15 Mal ein durchsetzungsfähiges Verhalten. Im zweiten Spiel spielte Spieler 1 71 Minuten der regulären Spielzeit und Spieler 2 spielte das gesamte Sportereignis (siehe Tabellen 5 und 6).

Tabelle 5- Bewertung des visuellen Erkundungsverhaltens Spieler 1.

| Spiel | Visuelles Erkundungsverhalten | | | | Insgesamt |
| | Ja | | Nein | | |
	Erfolg	Versagen	Erfolg	Versagen	
1o	11	1	6	3	21
2o	13	4	8	2	27
Insgesamt	24 (83%)	5 (17%)	14 (74%)	5 (26%)	48

Was das Erkundungsverhalten anbelangt, so holte Spieler 1 in 17 von 27 bewerteten Situationen externe Informationen ein, wobei 13 von ihnen durchsetzungsfähig waren.

Spieler 2 sammelte in 23 der 38 aufgetretenen Situationen externe Informationen, von denen 20 positiv weiterverfolgt wurden.

Tabelle 6 - Bewertung des visuellen Erkundungsverhaltens Spieler2.

| Spiele | Visuelles Erkundungsverhalten | | | | Insgesamt |
| | Ja | | Nein | | |
	Erfolg	Versagen	Erfolg	Versagen	
1o	15	2	7	4	28
2o	20	3	13	2	38
Insgesamt	35 (88%)	5 (12%)	20 (77%)	6 (23%)	66

Die detaillierte Analyse in Tabelle 7 ermöglicht es uns, die Entwicklung des explorativen visuellen Verhaltens der beiden Spieler nach der fünfwöchigen Intervention nachzuweisen.

Tabelle 7- Vergleich des ersten Bewertungszeitpunkts mit dem zweiten Bewertungszeitpunkt von le2-Spielern in Bezug auf das visuelle Erkundungsverhalten.

	Visuelles Erkundungsverhalten			
	Spieler 1		Spieler 2	
	Ja	Nein	Ja	Nein
Moment 1	24 (29%)	58 (71%)	23 (29%)	56 (71%)
Moment 2	29 (60%)	19 (40%)	40 (61%)	26 (39%)

Sowohl Spieler 1 als auch Spieler 2 erzielten eine außerordentliche Steigerung der Entscheidungsleistung. Im Vergleich zum ersten Bewertungszeitpunkt haben beide Sportler eine Entwicklung von etwa 30 % im Verhalten vor der Ballannahme. Als integraler Bestandteil des Wachstumsprozesses dieser Athleten ist es wichtig, den Spieler 2 hervorzuheben, der anfangs große Schwierigkeiten mit der Durchführung der Übungen hatte.

Tabelle 8- Vergleich zwischen den durchsetzungsfähigen Entscheidungen, die le2-Spieler in den Momenten der le2-Bewertung erhalten haben.

	Entscheidungsfindung	
	Spieler 1	Spieler 2
	Durchsetzungsfähig	Durchsetzungsfähig
Moment 1	19 (83%)	19 (83%)
Moment 2	24 (83%)	35 (88%)

Die erzielten Ergebnisse zeigen die Durchsetzungsfähigkeit der Entscheidungsfindung der beiden bewerteten Akteure (siehe Tabelle 8). Spieler 1 behielt sein Durchsetzungsvermögen bei, während Spieler 2 eine Steigerung von 5 % erzielte.

Daraus können wir schließen, dass die Entwicklung bei der Suche nach externen Referenzen offensichtlich war. Wie in beiden Artikeln erörtert, ist es die Fähigkeit eines Sportlers, ein exzellentes motorisches Repertoire mit der kognitiv-perzeptiven Fähigkeit zu kombinieren, um die vom Spiel gestellten Probleme zu lösen, was ihn von anderen unterscheidet. Spitzenspieler zeichnen sich durch ihre Fähigkeit aus, Informationen aus dem Spiel zu entnehmen und sie richtig zu nutzen. Diese Kompetenzen ermöglichen es den Trainern, bestimmte Spielregeln auszuarbeiten und ihre Ideen in die Praxis umzusetzen, indem sie die wahrnehmungs-kognitiven Fähigkeiten ihrer Sportler nutzen.

Literaturverzeichnis

Casanova, F. (2012). *Wahrnehmungs-Kognitions-Verhalten bei Fußballspielern: Reaktion auf längeres intermittierendes Training. Dissertation, vorgelegt an der Fakultät für Sport der Universität Porto. (AUFWÄRTS)*. Porto.

Castelo, J. (2002). *O Exercício de treino desportivo: A unidade logica de programação e estruturação do treino desportivo.* Lisboa: Edições FMH.

Tani, G. (2006). *O ensino da técnica e a aquisição de habilidades motoras no desporto.* Rio de Janeiro: In G. Tani; J. Bento & R. Peterson (Eds).

Tavares, F. & Casanova, F. (2017). *A Tomada de Decisão nos Jogos Desportivos Coletivos.* Porto: Editora FADEUP.

Vickers, J. N. (2003). Decisión Training: Ein innovativer Ansatz für das Coaching. *Kanadische Zeitschrift für Frauencoaching, 1-9.*

Meister Diogo Rios
Professor Filipe
Casanova

Die OFFENSIVEN MOMENTE DES FUßBALLSPIELS: ANALYSE UND

EINSATZ IN EINER U19-MEISTERSCHAFTSMANNSCHAFT

PORTUGIESISCHER STAATSANGEHÖRIGER

Diese Studie wurde während der Sportsaison 2018/2019 im Rahmen des Berufspraktikums durchgeführt, das zum Studienzyklus des Master-Studiengangs in Hochleistungssporttraining an der Fakultät für Sport der Universität Porto gehört.

Wie üblich wurde nach jedem Spiel eine Analyse durchgeführt, und wir stellten fest, dass die Mannschaft im ersten Spiel, das mit dieser Studie in Zusammenhang steht, keine Effizienz aufwies, die unserer Überlegenheit in den beiden hier erwähnten Momenten des Spiels und in den Teilprinzipien, die unserem Spielmodell entsprechen, entsprach.

Um zu überprüfen, ob die in den Momenten "Offensive Organisation" und "Übergang Abwehr-Angriff" vermittelten Spielprinzipien von den Spielern aufgenommen wurden und ob es statistisch signifikante Unterschiede zwischen den beiden beobachteten Spielen gab, wurden zwei Spiele der Mannschaft analysiert, und zwar in einer Phase der Saison, in der bereits mehrere Spiele gespielt und mehrere Trainings absolviert worden waren, da wir uns in der Aufrechterhaltungsphase der 2. nationalen A-Jugend-Division befanden.

Die Wahl der Unterprinzipien basierte auf den Ideen des Spielmodells des Teams, definiert als A-Team. Wir haben eine erste Phase des Aufbaus der Offensivorganisation vorgezogen, weil wir wollten, dass die Mannschaft den Ballbesitz schätzt. In der zweiten Phase wollten wir, wann immer es möglich war, über die inneren Mittelfeldspieler spielen, zum einen wegen der Qualität, die wir auf dieser Position hatten, und zum anderen, um die gegnerischen Drucksektoren zu zerstören und den vorhandenen Raum zu nutzen, um Ungleichgewichte in den Innenräumen zu schaffen.

Was den Übergang von der Verteidigung zum Angriff betrifft, so war die Wahl auf die Tatsache zurückzuführen, dass unsere Idee in diesem Moment des Spiels darin besteht, sich mit dem Spieler zu verbinden, der auf dem

Spielfeld weiter vorne ist, um die gegnerischen Linien zu verbrennen. Danach sollte derselbe Spieler nach einer Stütze suchen, um zum organisierten Angriff überzugehen, wenn die Spielsituation dies erfordert.

Daher lag der Schwerpunkt der Beobachtung auf zwei Teilprinzipien für jeden der ausgewählten Spielmomente. Die Unterprinzipien sind demnach:

- Teamorganisation in drei Diamanten in der ersten Bauphase (Indikator 1 - Offensive Organisation);
- Leistung durch innere Mittelfeldspieler (Indikator 2 - Offensive Organisation);
- Der Ball erreicht den Flügelspieler (Indikator 1 - Defensiv-Angriffsübergang);
- Der Stürmer sucht nach Unterstützung, um die Organisation fortzusetzen (Indikator 2 - Defensiv-Angriffsübergang).

Nach der Beobachtung und Analyse der beiden vorgeschriebenen Spiele, bei denen die gewählten Teilprinzipien im Vordergrund standen, wurden die in Tabelle 1 aufgeführten Ergebnisse überprüft.

Tabelle 1 - Deskriptive Analyse der in den beiden Bewertungszeitpunkten gewonnenen Daten

	Verteidigung-Angriff-Übergang		Offensive Organisation	
	Indikator 1	Indikator 2	Indikator 1	Indikator 2
Durchschnitt ± Standardabweichung	18.50± 2.121	14.50 ± 3.536	29.5012.12 1	22.0015.657
AvsB	17	12	31	18
BvsA	20	17	28	26

Bei der Analyse der erzielten Ergebnisse haben wir festgestellt, dass die durchschnittliche Erfolgsquote in der offensiven Organisation höher ist als in der Transition, was legitim erscheint, da es sich um eine Phase des Spiels handelt, in der der Gegner nicht so viel Druck ausübt und die Mannschaft in der Regel eine zahlenmäßige Überlegenheit hat.

Wir haben auch festgestellt, dass bei den beiden beobachteten Spielen der Indikator 1, der sich auf die offensive Organisation bezieht, die meisten Aktionen enthielt.

In Bezug auf das Umschaltspiel lassen sich die erzielten Ergebnisse auch dadurch erklären, dass wir im 2. Spiel im Vergleich zum 1. Spiel einen geringeren Prozentsatz an Ballbesitz hatten, was dazu führte, dass der Gegner häufiger den Ball zurückerobern konnte und folglich mehr Möglichkeiten zum Umschaltspiel hatte. Da wir mehr Ballbesitz hatten als der Gegner und sie nicht im hohen Block pressten, konnten wir öfter über die Mittelfeldspieler spielen.

Durch die Analyse der Daten, die im 1. Spiel gesammelt wurden, sind wir zur Operationalisierung einiger Trainingsmittel übergegangen, die zu einer Verbesserung der Mannschaft in den untersuchten Momenten führten, und dafür haben wir das Folgende verwendet:

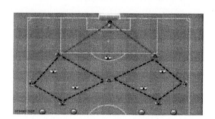

Übung 1 - Offensive Organisation (GR+7x5)

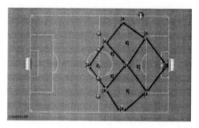

Bohrer 2 - Offensive Organisation (GR+8x6)

Mit diesen beiden Übungen, die schrittweise in der Komplexität eingeführt wurden, konnten wir die Situationen und Teilprinzipien, die wir verbessern wollten, mehrmals üben.

In Bezug auf die zuvor definierten Unterprinzipien für den Übergang zwischen Verteidigung und Angriff wurden folgende Übungen ausgewählt:

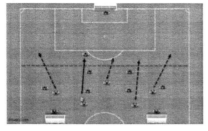

Übung 3 - Übergang Defensive-Angriff (5+Ix6+GR)

Übung 4-Übergang Verteidigung-Angriff (10xI0+GR)

s

Nach der gleichen Logik wie bei den Teilgrundsätzen des letzten Moments haben wir uns für eine

Sequenzen mit progressivem Schwierigkeitsgrad, die es uns ermöglichen zu überprüfen, ob das Team bereit ist, das "Level" zu wechseln oder ob es mehr Trainingszeit benötigt.

Nach der Erhebung der Daten und der Durchführung der beschreibenden Analyse wurde die Datenverarbeitung vorgenommen, um die angestrebten Ergebnisse zu erzielen. Daher haben wir die Häufigkeitsanalyse des Chi-Quadrat-Tests verwendet, um zu verstehen, ob die Unterschiede zwischen den beiden Indikatoren, von einem Spiel zum anderen, statistisch signifikant waren, d.h. ob es durch das Training möglich war, sich zu verbessern oder nicht, immer unter Berücksichtigung der für das Spiel festgelegten Strategie, zwischen den beiden Spielen.

Tabelle 2 - Vergleichende Analyse der zwischen den beiden Bewertungszeitpunkten erhaltenen Daten

	Offensive Übergänge		Offensive Organisation	
	Indikator 1	Indikator 2	Indikator 1	Indikator 2
Chi-Quadrat	0.48649	1.7241	0.30508	2.9091
Grad der Freiheit	1	1	1	1
P	0.2427	0.0094	0.2904	0.044

*p<0.05

Bei der Betrachtung von Tabelle 2 und nach der Analyse der Ergebnisse können wir feststellen, dass bei einem Konfidenzintervall von 95 % nur der Indikator 2 der offensiven Organisation (Ausspielen durch die zentralen Mittelfeldspieler) und der Indikator 2 des Übergangs zwischen Abwehr und Angriff (Speerspitze sucht nach Unterstützung, um die Organisation fortzusetzen) statistisch signifikante Unterschiede ($p<0,05$) zwischen dem ersten und dem zweiten beobachteten Spiel aufweisen. Obwohl nur zwei Indikatoren/Unterprinzipien statistisch signifikant waren, war bei ihnen ein progressiver Anstieg zu verzeichnen.

Diese Beweise zeigten, dass die Arbeit im Trainingsprozess einen starken Einfluss auf das Spiel hatte. Es ist auch sehr wichtig, dass der Trainer der Beobachtung und Analyse seiner Mannschaft viel Aufmerksamkeit widmet, um zu verstehen, wo er im Trainingsprozess mehr Nachdruck legen muss, um die Schwierigkeiten der Mannschaft zu bekämpfen.

Bibliographische Referenzen

- Rios, D. (2018) *Die offensiven Momente des Fußballspiels: Analyse und Operationalisierung in der U19 von União Nogueirense Futebol Clube.* PraktikumsberichtProfessionalisierung   bei AFDEUP vorgestellt. Porto: D. Rio

INHALTSVERZEICHNIS